香港當舖遊蹤

遊蹤

增訂版

徐振邦　著

● 同昌大押原位於旺角（即今天朗豪坊的位置），大押拆卸後，部分建築物得以保留，並移到赤柱美利樓旁，作裝飾之用。

● 而在原來同昌押舊址附近，則放置了紀念碑。

前言

2014 年，出版社給我安排了一個以當舖為主題的出版計劃。當時，我覺得這個題目頗有趣味，所以馬上接受了出版社的提議。

花了一年時間，我完成了《我哋當舖好有情》一書，也對香港當舖的情況多了一點認識。《我哋當舖好有情》是第一本以香港當舖為主題的著作，算是為讀者揭開了這個有趣而神秘的課題。這本書出版後，坊間有很大的迴響，我亦因此接受了不少傳媒的訪問，感覺頓時成了香港當舖歷史與發展的專家。

其實，在《我哋當舖好有情》付梓期間，我覺得這個課題仍有進一步探索的空間。我並沒有因書稿的完成而停止對當舖的資料搜集，相反，我重新將資料翻了又翻，繼續走訪多間當舖進行深入了解，希望可以更準確地寫下香港當舖的面貌。

許多年輕一代未到過當舖，對當舖感到陌生，這是十分正常的事。上一輩的人因遇上經濟困難，又沒有借錢的門路，就要找「二叔公」幫忙。有時，我跟長輩提及當舖的事，聽聽他們當押的經過，也可以對當舖有多一點的了解。

以前，市民的生活普遍較為困苦，正如俗語所說「**餐搵餐食餐餐清**」，基本上，人們能有三餐溫飽已很不錯，口袋裡是所餘無幾的。要是遇上節日、喜慶事，或需要用錢的時候，隨時會陷入經濟困境，生活更是捉襟見

肘。在迫不得已的情況下，人們只好靠賒借度日。當時有經濟困難的人，不是向朋友借錢，就是求助於當舖。在經濟環境不好的年代，人們出入當舖是很平常的事。儘管許多人仍覺得出入當舖是不光彩的事，但為了生活，個人的面子就顯得不太重要了。

有些粵語長片取材於基層市民的生活，較常見的橋段是描寫主角要去當舖，以僅有的財物換取一些生活費。因此，粵語長片有時在當舖取景，讓我們可以看到當舖的舊貌。當然，當舖的情節不是劇情的重點，在當舖取景的粵語長片，一般只有幾秒鐘的鏡頭，甚少在當舖內進行拍攝。最常見的角度，是拍攝主角出入當舖，或只是展示手中的當票而已。要真正了解當舖的運作，粵語長片只能提供很少、很片面的資料，勉強為舊當舖留下幾個簡單的註腳。

粵語長片的資料不能清楚反映當舖的面貌，但亦有一些劇集以當舖為主題，以間接的手法帶出了當舖的運作。其中，一齣於 1977 年製作的《獅子山下》，有一集片名為《押》，由阮兆輝等人飾演，編導是黃森。《押》，顧名思義，就是指當舖。劇集是以當舖為主題，也有提到當舖的運作，算是認識 1970 年代當舖運作的重要資料。劇中取景的當舖位於中環，到現在仍在運作中，是香港其中一間歷史悠久的當舖。

此外，我翻閱舊報紙資料時，發覺在 1960 至 1980 年代初，不少升斗市民的生活都跟當舖有密切的關係。我猜想，這段時期要靠當舖借貸生活的人並不是少數，成為當舖發展得最快的年代。根據當時的漫畫、小說和新聞報道，我綜合了幾個關於當舖的有趣情況：

一、人們覺得進入當舖是丟臉的事。許多人覺得靠向當舖借貸度日，是有失面子的，因此，儘可能不要被人知道自己需要到當舖抵押物件。人們在進入當舖前，不僅要左顧右盼，還要迅步躲在遮羞板後面；要是被熟人知

道，也要編一個冠冕堂皇的故事，好讓自己有台階下。至於那張當票，一定要好好收藏，一來怕遺失當票而失去了典當物，二來又怕給別人看到自己身上有當票而尷尬。這張抵押憑證彷彿成為「罪證」，見不得光。

二、賭徒喜歡到當舖借錢。嗜賭的人贏了錢，自然會乘勝追擊，到頭來只會由贏變輸，即俗語所說的：「輸錢皆因贏錢起」，要是賭仔敗北了，一定會心有不甘，總是想著要連本帶利贏回來，結果又是輸得一敗塗地。有一齣粵語長片，由新馬師曾、鄧碧雲主演，名為《爛賭二當老婆》（1964）。片中清楚講述了賭仔愛賭的心態，甚至為了賭，妻子也可以典當。賭仔要借錢，一般都會找「二叔公」幫忙，所以賭與當舖之間有著微妙的關係。除了粵語長片，那個時代亦有不少反映社會時事的漫畫，是以賭仔向當舖借錢作為題材的。

三、「寧借錢，也要送禮」是社會的普遍現象。按照傳統，每逢過年過節，不少人都有送禮的習慣。然而，人們的口袋裡沒有太多餘錢，送禮成了經濟壓力，人們在有需要時，只好向「二叔公」求助。例如，在新年派紅封包、結婚送人情，以及在中秋饋贈月餅等。這些送禮情節成為了漫畫和小說的焦點。由於送禮要夠體面，不能失禮於別人眼前，所以就算是窮，也要想辦法弄些錢來送禮。

四、人們身上的任何財物都可以成為典當物。許多人以為當舖只抵押高價值的物品，「二叔公」只要金飾、鑽戒和名錶。其實，以前人們生活困苦，莫說是金飾、鑽戒和名錶，人們身上可能連一件稍有價值的物品也沒有。在家中的尋常物品，其實也可以成為當舖的抵押品。一來，當舖要為市民提供方便，不能強求市民，只要貴價物品；二來，在商言商，當舖認為只要能賺錢的物品，都會接受典當。即使是人們穿著的大衣，也可即時脫下來拿到當舖進行借貸。

為了讓讀者明白香港的當押情況，我挑選了部分有趣的漫畫、小說、報章資料，讓讀者可以認識更多香港當舖昔日的情況，以及當舖的歷史發展。

　　我不是當舖的行內人，但從外人的身份觀察當舖，有時可能看得更仔細，正所謂「旁觀者清」，就是這個道理。這幾年，我看到不少當舖的資料，訪問過當舖的老行尊，又走訪過香港各間的大小當舖，詳細觀察了一次這個時代的香港當舖。現在，我把有關的資料寫了下來，算為香港當舖留下記錄。

　　《香港當舖遊蹤》的內容可能還有遺漏的地方，希望讀者諸君能作出指正。

2020 年 1 月

修定稿於天水圍寓所

目錄

Chapter 03

經營之道

當舖營運與管理手法 067

Chapter 04

現代變遷

傳統手法需要與時並進 107

當 ——————— 舖

——
從當舖外觀
到內部裝修

設 ——————— 計

從門外的「押」字說起

說起當舖，或者許多人都已經留意到，當舖的招牌並沒有「當」字，而是一個「押」字。當舖，只是這個行業的慣常稱呼，以「押店」為名，可能更合適。

香港押店的招牌，還有一個特色，就是用「蝠鼠吊金錢」的圖案作為當舖的獨有標誌。這個由紅色、綠色的霓虹光管做成的押店商標，相當搶眼。

香港人對這個招牌的設計應該不會感到陌生，對當舖的外觀也應該是很熟悉的，但對當舖內的格局，卻是所知不多，大概只聽過遮醜板、高櫃枱等特色設計而已。究竟當舖的外觀和內部設計是怎樣的？第一部分將會為讀者詳細說明。

● 香港沒有當舖，只有押店。

　　有經濟活動的地方，自然有當舖的出現。華人聚居的地方，慣常用「當舖」二字作為這個行業的統稱；外國人則用 pawn 一字。嚴格上來說，「當舖」並不適用於香港的情況，因為香港沒有「當」，也沒有「按」，全部都是「押」。因此用「押店」或「押業」來形容香港的典當業，會比較合理。假如讀者有細心留意，會發現香港的當舖招牌清一色寫的是「押」字，而非「當」字（「按」字也沒有了）。香港的當舖有一個商會，名稱是港九押業商會，這個「押業」的稱呼是恰如其分的。

所謂當、按、押，三者是有分別的，當中是以物品的當押年期、息率區分：「當」的當押年期最長、息率最高，然後是按，最後是押。

以前，香港曾經有「當」，也有「按」，不過，現在只餘下「押」了。雖然香港的當舖行業應該稱為「押業」，但人們都習慣了用「當舖」二字，要改也很難了。

「當舖」的「當」字，來頭並不小，相傳是出自王羲之的手筆。如果「當」字真的與王羲之有關，難怪大部分人都想用「當舖」，而不是「押業」了。關於王羲之與「當」字的關係，有一個叫「王羲之賣當」的故事可作佐證：

話說東晉書法家王羲之愛遊山玩水。有一年，他到杭州探訪好友時，在途中病倒。書僮請名醫為王羲之診治，但王羲之病了整整一個月仍未康復，身上的盤川卻已用完了。

他記得旅館對面有一個當舖，招牌上的「當」字已經破舊不堪。於是，他寫了一個「當」字，叫書僮拿去典當 30 兩銀子。書僮來到當舖當字，老闆卻說：「這是個好字，只是帶著病容，不值 30 兩銀子。」

書僮向王羲之轉述了當舖老闆的話，王羲之再寫了一個「當」字，讓書僮拿去典當。老闆一看，說道：「這個字比方才那個有力多了，只是帶點孤氣和怒氣。算了吧，我要這個字了。」王羲之有了錢，又可以上路了。

他到了杭州，朋友設宴招待王羲之。席間，有一位朋友的親戚是開當舖的，想求王羲之寫個「當」字作招牌。王羲之說：「我已經寫好了一個『當』字，你去取回來就是了。」王羲之將當票交給那個人。他遂帶著銀兩，見了那家當舖的老闆，表示要贖回「當」字。

當舖老闆想坑他一把，連本帶利要他 40 兩。他掏出 40 兩給了老闆。老闆覺得有點納悶，問他：「這個字值 40 兩嗎？」他說：「這是當代大書法家王羲之的真跡，怎會不值 40 兩呢？」

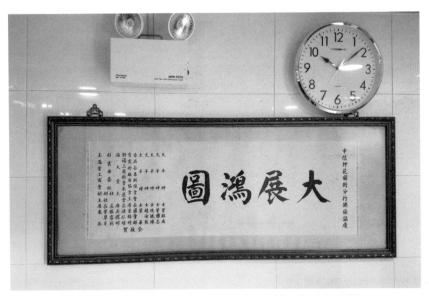

● 現在的當舖沒有王羲之的書法，但可以掛上達官貴人所贈送的匾額，以顯示實力。

老闆聽了，著急的喊道：「我用 50 兩銀子要了你的當字，要不 100 兩，如何？」那人沒有理會就走了。

那人領著「當」字，見了王羲之。王羲之接過來看都沒看便撕破了。那人雖覺得很可惜，但也沒法子。

王羲之笑笑說：「做生意的，最重要的是一個『和』字，是和氣生財。這個『當』字，是我在心情不好的時候所寫的，帶著幾分怒氣，不利做生意。我現在再給你寫一個，保證你做生意時，能發大財。」王羲之馬上揮筆寫了一個「當」字。

那個人將「當」字掛在當舖外，成為杭州城最出名的當舖。

香港的當舖沒有王羲之的「當」字，但如果真的有一間當舖能在門外掛上名書法家的墨寶，或許會是很有特色的宣傳手法。

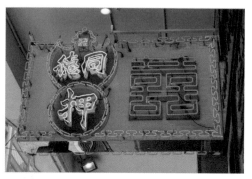

● 由高可寧家族管理的當舖，在「蝠鼠吊金錢」上還會配上一個「囍」字。

● 灣仔振安大押仍保存著舊式的當舖標誌

● 有當舖的標誌清楚展示了蝠鼠的外形

● 現在的「蝠鼠吊金錢」已成為了微型版本

　　當舖，有一個「蝠鼠吊金錢」的標誌，已經成為香港當舖的獨有標記。

　　當舖招牌上的「蝠鼠吊金錢」可算是傳統圖案，既具特色，也是當舖的重要標誌。一個大大的招牌豎立在當舖位置，無論你是站在街頭或街尾，都可以清楚看到這個圖案，是香港少數擁有特色圖案標誌的行業。就算是不識字的人，只要看到這個圖案，也會知道這間店舖是當舖。

所謂「蝠鼠吊金錢」，是一隻倒轉的蝙蝠含著金錢。有說它的意思是「福到眼前」，或說是「引福入堂」等。但無論是哪一個說法，按中國傳統分析，蝙蝠和金錢都有吉利的意思：蝠是取自「福」的諧音，而金錢則有利潤的意味，兩者互相配合，便成為「有福又有錢」的圖案。

「蝠鼠吊金錢」的圖案是香港當舖的特色招牌，偶爾在澳門也看得到，至於其他地方則不多見。這個圖案幾乎已經成為香港獨有的當舖文化。根據一些舊照片可知，戰前香港的當舖，已經是用這個圖案了。

不過，「蝠鼠吊金錢」最初的模樣，並不是蝠鼠和金錢的混合體，估計是由葫蘆演變而來。「當押店的招牌式樣，是由清政府規定而相沿下來的，三年當店是葫蘆形，兩年按店是圓形，一年大押和半年小押，均屬方形。」（見林仲、李達才：〈舊社會廣東的當押業〉，《廣東文史資料》第 13 輯）

從這則資料可見，當舖門外的招牌，並沒有「蝠鼠吊金錢」的形狀，反而有兩個值得留意的圖案 —— 葫蘆和日字形。這個日字形圖案，就是廣州東平大押的招牌形狀，資料所述符合現實情況。

在未有大型霓虹光管的「蝠鼠吊金錢」招牌之前，香港有當舖是用葫蘆形狀的金屬臂，可以用來掛上印有當舖名稱的布條。現在，元朗晉源押和灣仔振安大押仍留有這個舊有的葫蘆形標誌。雖然未能引證這是不是香港舊當舖常用的徽號，亦不能確認「蝠鼠吊金錢」是否由葫蘆演變而來，但現在仍可以看到兩個款式相似的葫蘆圖案，應該兩者是有著一定的關係。

事實上，葫蘆和「蝠鼠吊金錢」的形狀是相似的，說「蝠鼠吊金錢」是由葫蘆演變而成，一點也不牽強。「蝠鼠吊金錢」和葫蘆，都是分上下兩部分。兩個圖案的下半部分，同樣是圓形的，分別是金錢和葫蘆的下半部分；至於「蝠鼠吊金錢」的上半部分，則由葫蘆的上半演變成蝙蝠。雖然變化較大，但兩者的輪廓仍然相似。

● 元朗晉源押保留了舊式的當舖標誌

　　當然，在眾多的吉祥動物中，選取了蝙蝠這個像老鼠的動物，是由於老鼠與當舖有密切的關係。在舊中國，老鼠是當舖很重視的動物，是當舖的行業神，不少當舖都會供奉老鼠神（稱為「耗神」）。

　　雖然老鼠與蝙蝠不是同類 —— 老鼠屬於囓齒目，而蝙蝠屬於翼手目，但以往的人不了解動物學的分類，甚至認為蝙蝠是由老鼠演變而成，因此便有蝙蝠是「蝠鼠」的講法。蝙蝠成為當舖所敬重的動物，除了是有福到的意思，也是因為對老鼠有一些誤解造成的。

● 有當舖於新張期內印製了宣傳單張

借貸的廣告五花八門，報紙、電視有大量的貸款廣告，令人覺得借錢容易，快捷又方便。在各式各樣的借貸廣告中，似乎當舖的廣告不太常見。

在我的印象中，只有一間上市公司的當舖，有製作過電視廣告宣傳，其效果如何，我沒有相關的資料，很難作出評估。除了電視廣告外，我還見過有一間當舖有印製宣傳單張，但單張並非在街上派發的宣傳品，而是放在當舖內，讓顧客索取。有些當舖亦有製作咭片，但似乎不會作為宣傳品派發，所以應該有很少人見過這些宣傳品。

● 現在的當舖招牌已變細了

● 有當舖的「蝙鼠吊金錢」招牌並不是掛在牆上，而是用鐳射燈射在地上。

當舖無須做特別宣傳，是因為幾乎所有人都知道當舖的存在。在香港，當舖數量不算太多，約有 190 間，當市民有需要時，也很容易找到當舖。

只要在街上舉頭一望，不難見到當舖的招牌 —— 人所共知的「蝙鼠吊金錢」大型招牌。這個標誌一般以紅色為底色，相當醒目，市民站在遠處也可看到當舖的獨特標誌，即使在入夜後，配上霓虹光管，同樣可以吸引到市民的目光，不比其他招牌遜色。

● 當舖廣告牌的外形有很多款式

● 有些當舖都改用了這種街頭宣傳牌　● 不少當舖已改用易拉架做宣傳工作

● 有當舖的招牌是正方形，並非「蝠鼠吊金錢」的標誌。

不過，自從香港政府實施新的《建築物條例》，嚴格規管大型廣告招牌：凡涉及較大型的廣告招牌，都必須向屋宇署入則申請，否則即屬違例搭建，於是不少舊式的大型招牌有拆卸的需要。我曾經向一間已拆除了大型「蝙蝠吊金錢」招牌的當舖「二叔公」詢問，他表示：「政府規定向車路一邊的大型招牌，全部都要拆除，以免引起危險。至於向內街的招牌，則可以保留。」

　　隨著政府對大廈外牆的大型招牌加以規管，新的當舖一般不會有大型招牌；而一些原有的大型招牌，可能因為受到法例所限而要拆卸。的確，原有不少大型招牌的當舖，已改成較細小的招牌，亦有當舖索性拆除招牌，沒有「蝙蝠吊金錢」了。毫無疑問，這類大型「蝙蝠吊金錢」的招牌，只會越來越少。

● 較少見的圓形招牌、方形招牌

● 把當舖的招牌噴在牆上，是少見的宣傳手法。

● 易拉架是現在最常見的當舖宣傳手法

● 為了宣傳當舖開業，也用上這個當舖特色標誌。

● 張貼在當舖外牆的宣傳資料

近年，我看到有幾個大型的「蝠鼠吊金錢」招牌在無聲無息中消失了，取而代之的是小型的「蝠鼠吊金錢」招牌或 LED 燈箱。為了符合法例要求，並降低製造大型招牌的成本，當舖要製作小型招牌或 LED 燈箱乃無可厚非。然而，這種情況的出現，肯定是與《建築物條例》有關。

　　事實上，太大的招牌是有潛在的風險的。2017 年，旺角砵蘭街有一個當舖招牌，懷疑因日久失修而墜下，並撞歪在當舖招牌下的卡拉 OK 夜總會招牌。最後，警方封閉了附近一帶路面，並由消防員到場將兩個招牌一併拆走。

　　為了吸引市民注意，當舖還是要有適當的宣傳品。現在較常見的宣傳方式，是在當舖門前，放置一個活動的廣告牌，亦有些當舖會用易拉架的流動廣告牌。這類成本低、靈活性又大的易拉架廣告牌，可算是最簡單的宣傳品。或許在不久的將來，那種甚有特色的「蝠鼠吊金錢」招牌，只能在博物館看到了。

● 這些大型當舖招牌已經被拆除了

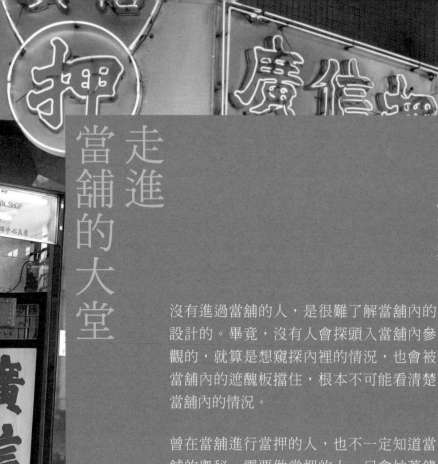

走進
當舖的大堂

沒有進過當舖的人，是很難了解當舖內的設計的。畢竟，沒有人會探頭入當舖內參觀的，就算是想窺探內裡的情況，也會被當舖內的遮醜板擋住，根本不可能看清楚當舖內的情況。

曾在當舖進行當押的人，也不一定知道當舖的奧秘。需要做當押的人，只會忙著錢銀的交易，也顧不了當舖內的陳置裝潢吧。

當然，當舖內有一些指定設計，應該是為人所知的，如遮醜板、高櫃枱等。至於當舖內還有什麼是基本設備呢？現在向你們一一說明吧。

當舖有一個人所共知的建築特色，就是有一塊屏風式的板，設於當舖內，名為遮醜板，又有人叫它遮羞板。顧名思義，遮醜板就是為當押人遮醜，以免輕易被街外人看到當押人的容貌，以減少他們因典當而帶來的尷尬心態。

許多人愛面子，認為到當舖進行典當交易是有失身份的事。為了顧全面子，以前要當押的人，可能會找第三者或小孩來代勞。不過，這種涉及錢銀的交易，由第三者處理還是不太好的。一來，除非是相熟而又可信賴的人，否則，拿著來歷不明的物品進行當押，隨時會惹上官非；二來，為免有洗黑錢或賊贓買賣，政府修改當押條例，要求當押者提供個人資料並出示身份證。自此，根本不可能由第三者代為當押。有見及此，當舖內設有遮醜板，盡量保障進入當舖的人，有一定的私隱，將尷尬的情況減到最低。

這塊板是否能起遮醜的作用，全是典當人的心理作用，根本沒有辦法去驗證。大部分人之所以認為這塊板有遮醜的功能，可能是緣於電視、電影的情節 —— 怕進入當舖時遇到熟人，靠遮醜板做掩飾。

這個情節是否屬實，我無法驗證。不過，在窮困的年代，升斗市民光顧當舖是平常不過的事，並非什麼秘密。既然如此，進入當舖而感到尷尬的，可能只屬少數。

有一篇刊於 1980 年代的報紙專欄，提到 1950 年代的當舖情況，比較符合現實，其中有一段是這樣的：

> 一九五〇年代至一九六〇年代，香港約有二百多間當舖，也是香港當押業生意最旺的日子，那時南來客什麼資金也花光了，可以典當的東

● 常見的遮醜板位於當舖大門的正中央,完全遮住了當舖內的情況。

● 為了遷就當舖的設計,遮醜板不一定在門口的正中間。

● 有當舖不設遮醜板,只用布簾取代。

● 當舖的遮醜板可以減少典當者的尷尬感覺

西，全都拿了出來，古董及最後的一枚戒指，也送去了當舖。那個大屏風內是擠著人的，為了吃飯，談不上面子，大家相熟去當嘢，根本不必面孔，至於電影上描寫的，在押店門口東張西望之後，再入當舖，仍然碰見熟人！這情形實在是見慣。（〈當舖生意一落千丈 足證港人生活轉佳〉，《工商晚報》，1982 年 8 月 24 日）

說實話，究竟是吃飯要緊，還是面子重要？我想不用解釋也知道答案吧。進入當舖是否感到尷尬，是因人而異的。我進出多次當舖，也不覺得有什麼特別的感覺。我曾試過剛踏出當舖大門，便跟一位經過當舖門口的女士四目相對，那一刻我的反應是：「她是熟人嗎？她會覺得我是缺錢嗎？」當時，我不覺得尷尬，但感覺是有趣的。

同樣是來自 1980 年代的報紙專欄，對遮醜板有另一個看法：

當舖門前，照例有一道屏風似的板障，若你以為「二叔公」專登為當東西之人而設的「遮羞板」，那就錯了。其實，這塊板不是為「舉獅觀圖」的人而設的，它是當舖的「擋煞」板，亦稱「照壁」。當舖行業屬於偏門之一，入邪財路一門，撈偏門要講究風水，迷信煞氣入門，故此有此設備，賭場大檔，甚至澳門葡京，亦有各種擋煞設施也。（〈當舖有擋煞板〉，《工商晚報》，1982 年 8 月 11 日）

這塊板的作用是遮醜，還是擋煞，或許行內人也說不清了。我覺得兩個功能都有，但這塊板並不是必須要有的當舖組件。現在，有新式當舖已棄用遮醜板；就算有沿用這個舊式設計的，板的位置與大小，似乎也起不了遮醜的作用。有當舖負責人也表示：「舊式當舖多數會有遮醜板，但就算沒有也

● 有當舖沒有遮醜板，用磨砂玻璃代替。

● 遮醜板沒有特定的規格，也可以成為招牌的一部分。

● 有當舖甚至不設遮醜板

● 有些當舖的遮醜板只是一個小小的掩門

沒所謂。」尤其是在消費主義的年代，借錢欠債是平常不過的事，到銀行借貸也是正大光明，沒有必要偷偷摸摸。因此，到當舖當押而感到尷尬的，相信情況已較以往為少了。

當舖的傳統設計是有一個高櫃枱。在魯迅的《吶喊》〈自序〉中，有這樣的描寫：

> 我有四年多，曾經常常，── 幾乎是每天，出入於質舖（質舖即是當舖）和藥店裡，年紀可是忘卻了，總之是藥店的櫃台正和我一樣高，質舖的是比我高一倍，我從一倍高的櫃台外送上衣服或首飾去，在侮蔑裡接了錢，再到一樣高的櫃台上給我久病的父親去買藥。

據說，「二叔公」高高在上的坐在高櫃枱上，讓前來典當的人有種有求於人的感覺，從而使其失去議價能力；再者，「二叔公」坐於高位置，不僅可看清楚四周的環境，亦有防盜的作用。因此，當舖的高櫃枱式設計，是有實際的功用的。

然而，現在有一種當舖被稱為新式當舖，它有別於傳統當舖，將高櫃枱改成矮櫃枱。這種設計一般被說成是「有親切感」，打破以往讓人有高高在上的感覺。究竟高櫃枱有多高，而矮櫃枱又有多高？其實，這還是沒有一定的標準，也很難有統一的標準。

不過，以我的觀察，高的櫃枱約有 6 呎高，一個成年男士站在當舖大堂，是不容易看到當舖內裡的情況的；至於矮櫃枱，泛指沒有 6 呎高的櫃枱。雖然高度沒有規定，但新式當舖的櫃枱有的不高於 5 呎，亦有僅約 4 呎的，讓大部分典當人可以看到當舖內的情形。有不少人認為，由於當舖要有新形式，不需要再有高高在上的姿態，寧願強調高透明度，以達到平等交易的目的。所以，當舖的高櫃枱設計，已不符合現代的需要。

這個說法或許是正確的，但當中還受到一個客觀因素的影響：舊式當舖開設於舊樓或單幢式的物業，這類建築物的特色就是有高的「樓底」，一般有3米多高。當舖自然可以設計一個高櫃枱，做成一個「高高在上」的設計。因此，有高櫃枱的當舖，一定是位於舊樓內的。在樓底較矮的當舖內，就算想設計一個高櫃枱，即使用盡空間內的高度，也不可能有舊式唐樓的那種格調。

當押人進入當舖，須將物件高舉過頭，才可以將物件交到高櫃，因此當押物件的動作又稱為「舉當」，廣東話稱為「舉嘢」，文雅的說法是「舉獅觀圖」。「舉嘢」也成為俗語，大概是因為到當舖當押，很容易讓人產生「窮」的負面形象，於是把「舉當」改稱「舉嘢」，就沒有了那種尷尬感。

新式當舖多數在新式的商廈開業，甚至在商場內開業。由於新式商廈和商場的樓底較低，受環境的局限，高櫃枱只能改成矮櫃枱。尤其是在商場內開業的當舖，所受到的限制則更大，更不可能有高櫃枱式的設計。

有當舖的負責人表示，現在當押要有高透明度，矮櫃枱的設計令顧客毋須伸長脖子、仰著頭進行交易，讓顧客可以清楚目睹整個交易過程；而最重要的是，隨著科技發達，當舖內安裝了防彈玻璃、防盜系統、夾萬等保安設備，當舖不用依靠高櫃枱來防盜。

換言之，所謂新式當舖的設計多數是受到店舖的環境因素所影響，並非完全為擺脫當舖的舊有形象而改變舊有設計。

● 現在有當舖在櫃枱前放了椅子，讓顧客可坐著進行當押交易，不用再像以前一樣，辛苦地「舉嘢」。

　　許多人未曾入過當舖，未必了解當舖內的情況，但對當舖內裡的基本設計，還是可以想像得到的。許多電視劇集的情節，都有當舖的畫面，又或者走進當舖博物館，你也會清楚看到當舖內的情況，對當舖內的格局，也會一目了然。

　　當舖內有一個特別的設計，就算是有到過當舖的，也未必留意得到，甚至連幾間當舖博物館也沒有放置這個特色設計。這個設計就是當舖大堂內所裝的鏡子。鏡子數量有多有少、有大有小，視乎當舖的空間及位置而定。最常見的情況，就是在遮醜板的背後，安裝一面大鏡子。

　　當舖有高高的櫃枱，而櫃枱前架有鐵枝，並加上防彈膠片，這個設計比銀行櫃位的保安還要嚴密，是高度防盜的設計。事實上，我們鮮有聽聞有賊人向當舖下手的事，從此即可得知要搶劫當舖是不容易的事。加上現代的科技越來越先進，只要當舖內安裝有防盜警鐘、閉路電視等設施，已令賊人難以有機可乘。

　　「二叔公」坐在高櫃枱的位置，已可以清楚看見街外的情況。當舖大門放置了遮醜板，外人經過當舖，是不可能清楚看到店內的情況的。相反，「二叔公」坐在高櫃枱上，則能清楚地看到店外的人和事。顧客還未走進當舖內，「二叔公」就知道顧客的高矮肥瘦了。既然如此，為什麼還要在大堂裡安裝一面鏡子呢？

　　雖然不是所有的當舖都有鏡子，但大多數當舖仍有鏡子。在當舖裡，無論大堂的面積有多大，總會有一面鏡子。這面鏡子有很多用途，對當舖來說，其中之一就是用作保安，讓「二叔公」可以「無死角」地看到當舖的環境。以我的觀察，大堂的面積越大，安裝的鏡子數量也就越多。從此分析，

● 有些當舖的店面是不規則 　　● 當舖內的鏡子有防盜作用
　的，一面鏡子可收防盜
　之效。

● 至於在當舖外的情況，則要 　　● 遮醜板再配合高櫃枱，成為最好的防盜
　靠閉路電視了。 　　　　　　　　設計。

鏡子作為防盜的用途是顯而易見的。

　　舉例來說，典當者可能是典當身上的物品，鏡子則可方便典當者照照鏡。不過，鏡子除了為典當者提供方便之外，更重要的用途是防盜。雖然「二叔公」在高櫃枱上已是一目了然，但顧客進入當舖大廳後，從「二叔公」的位置上看不清在高櫃枱下的顧客，形成了盲點。為免顧客在大堂內作出異常行為，只要在遮醜板後安裝大鏡子，就可以清楚地看到顧客的一舉一動。要是在當舖兩旁也加裝鏡子，「二叔公」就可以全方位地看到大堂的情況。

　　有些當舖的遮醜板後，就是一面鏡子，而有些當舖的遮醜板是用金屬製造的，本身就具有反射的作用，猶如一面鏡子。有一次，我在搜集資料期間，得到「二叔公」批准後，我可以在當舖內用手提電話拍攝照片作為參考資料，「二叔公」就是利用裝在遮醜板背面的鏡子，用鏡子反射的倒影，看著我手提電話的畫面。這樣，我在拍攝什麼內容，「二叔公」是一目了然的。

　　當然，我見過一些較舊式的當舖，遮醜板是木製的，背後也沒有裝上鏡子。有經驗的「二叔公」能一眼關七，不用鏡子輔助，也能洞悉舖內的情況。儘管如此，我認為安裝鏡子是十分簡單的設計，對當舖起著防盜的功用，既美觀又不會給典當人帶來不安的感覺，是相當有智慧的做法。畢竟，閉路電視只能起到拍攝記錄的作用，對站在高櫃枱的「二叔公」來說，安裝鏡子才是最直接看到當舖內的即時情況、並且防範匪徒的辦法。

　　大部分當舖都會在大堂掛上一個日曆，以方便到當舖典當的人計算典當日期。對典當的人來說，典當日子一定要準確，要是錯算了日子，可能要多繳利息，甚至連當押品也會變成流當品，贖不回來。

　　當舖明文規定：典當物件以每月算息，最長可典當四個月，計算方法很清楚。然而，由於月份是以農曆計算的，對大部分只懂新曆的現代人來說，其實是不太便於換算的。

　　當舖用農曆計算利息，除了是貫徹傳統的做法外，還因為農曆的當期比新曆短，對當舖較為有利。舉個例子：農曆最長的月份有 30 日，最短有 29 日，即一般來說，四個月當期的總日數約有 118 日；至於用新曆的，除了 2 月是 28 或 29 日外，最長是 31 日，最短也有 30 日，即計算 2 月在內的四個月當期中，也有 120 日。按這個計法，農曆四個月的典當日子較新曆的四個月少了兩天，當舖以農曆計算是很划算的。

　　我試過有一次典當，以新曆計算是超過一個月的，但以農曆計算卻不足一個月。那次我於 2 月 27 日（農曆二月初二）在當舖達成典當交易，但我贖回物件的日子是 3 月 28 日（農曆三月初一），典當期雖然只有 29 日，但按新曆計算已超過一個月，但農曆卻不足一個月。因此，當舖只能收取一個月的利息，而不是兩個月。這個特殊的情況，只會在新曆 2 月出現。

　　無論是對哪方有利，對當舖和典當者來說，最緊要的是典當日期要記得清清楚楚。為了確保典當者不會因為算錯日期而引起不必要的爭執，有當舖在櫃枱旁掛著兩個日曆：一個顯示今天的日子，另一個是期滿日（四個月後）的日子。這樣，當舖的職員只要看著日曆，就不會搞錯日期了。此外，為免典當人計錯日子而未能按時贖回物件，幾乎所有當舖都會在當票上寫上農曆

● 當舖職員不能算錯典當日期，所以亦會在高櫃旁掛上兩個日期，清楚知道典當日和到期日。

● 當舖內掛上日曆月曆，就是為了方便顧客計算日期。

和新曆兩個期滿日子，一目了然，錯不了。

　　儘管當舖規定有四個月的當期，並將典當日子清楚地寫在當票上，但當中還是會有一天的誤差。比方說，在農曆三月初一典當物件，到了四月初一要交一個月利息，如此類推，七月初一是四個月的期滿日；但有當舖則以三月廿九是一個月算息，四月初一已是第二個月的利息，期滿日變成六月三十了。這樣，時間差一日，當舖便能賺取多一日的利息了。

　　有個別當舖在法例規定的四個月限期外，另加幾日寬限期，即在期限日後，還有多幾天的通融時間，不會即時將典當物變成流當品，希望能幫助典當者度過難關，又可贖回典當物，可謂一舉兩得。不過，這幾天的利息怎樣計算，是否還要有額外手續費，當舖就沒有清楚說明了。

　　這個情況，我試過兩次。一次要計足日子，越期一日算足一個月利息；一次則免了我越期一日的利息。所以，講規矩還是講人情，每間當舖都有不同的做法。

● 這間當舖內的日曆牌，已有逾一個甲子的歷史了。

對於需要現金周轉的典當人來說，可能多一天時間，就能調動金錢了。一天的差距，不僅帶來了一個月的利息，典當物更可能變成斷當物件。如果當舖真的能做到為經濟上有需要的人士提供方便，計算日子便不宜過於計較了。

　　順帶一提，以前當舖的當押期是沒有特別規定的，政府亦曾建議斷當期定在八個月，後來決定以四個月為限。在一篇舊報紙中，曾提到斷當的情況，是這樣說明的：

　　　　關於當物斷期的長短，一般說來，如果物價安定，時間越長越好，因為當舖希望的是「利息」，只要你肯付出利息，時間長短都無關係，但在物價不安定的時代，假使要延長至一兩年才斷當，那對於當舖是很不利的，以目前來說，物價都向下跌，時間一長，斷當必然虧本，在戰後，香港的法例，是規定四個月斷當的，到了一九四六年，政府有意將斷當期改為八個月，當舖聯合向港府請求，幾經交涉，中間並一度罷業，結果仍為爭得四個月，這個法例一直維持到底。（〈港九當舖內幕〉，《華僑日報》，1955 年 5 月 26 日）

　　根據當押規定，典當是有四個月期限的。一般來說，超過四個月的，典當人不一定可以取回典當物，典當物則由當舖自行處理了。如果典當人在四個月後才提出贖回典當物，而當舖又未處理該典當物的，典當人當然可以贖回典當物，不過，當舖會收取多少利息或手續費，則要由典當人跟當舖進行交涉了。

當舖予人一種神秘的感覺，就連用字都充滿神秘感，其中有一種神秘的用字，就是望牌上的字。

所謂望牌，就是指櫃台旁的一塊牌，上面寫有一組特定的文字。由於當舖的利息是按農曆月計算的，但行內人不會稱為農曆某月，一般會用特定的文字來計算及表達月份。根據澳門當舖博物館的介紹：「望牌是當舖中常備的用具，作用是將當舖內使用的月份及編號進行加密，例如在當票上會將望牌上的加密文字代替當期月份。」一個字代表一個月，十二個字代表十二個月，清清楚楚地寫在望牌上。由於外人不懂望牌上的字的意思，所以會覺得是神秘的字了。

望牌上的用字並沒有特定規定，是由每間當舖自行設計的，因此就算是行內人，也不一定猜到其他當舖在望牌上用了什麼字。這種「密碼式」的字，只是個別當舖內使用的字，以方便自己計算月份，亦有對當票進行加密的作用，令外人不可以偽造當票。因此，對典當者或別的當舖來說，這些「密碼字」是沒有意思的。

既然望牌上的字沒有規範，亦不需要向外公佈，所以望牌的用字可以很隨意和個人化。只要當舖負責人喜歡的話，任何組合或容易記憶的字，都可派上用場。

傳統的做法會用《千字文》開篇的文字，依次排列是：「天、地、玄、黃、宇、宙、洪、昌、日、月、盈、者、辰、宿、列、章、安、來」等。當中只是更改一些不吉利的用字，如以「昌」代「荒」，又以「者」代「昃」。

當舖內的職員對著望牌，就知道排列方式，就能按字推算月份，望牌是當舖內的管理典當運作的工具。不懂拆解當舖用字的，自然覺得很困難。現

在大部分當舖的望牌用字，都不會用《千字文》，於是有當舖會在望牌加入新元素，令望牌的字活了起來，成為有趣的配搭。

有當舖人士表示，為了方便記憶，用字會選用自己喜歡的字，例如使用「馬名」。或許用「馬名」作為望牌用字的當舖仍屬少數，但不少當舖選用「奇怪」的用字組合。我見過一些用字很特別的當舖，如用來自餐單的字：「午、餐、豆、付、火、腩」；用鐵路站命名的字：「東、

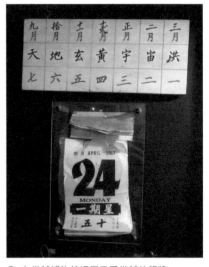

● 在當舖博物館裡展示了當舖的望牌

涌、迪、士、尼、機、場」；還有用家族中的大事：「錦、秀、父、子、登、科」等。無論用上什麼字，是傳統的還是潮語的，都無礙望牌的排列，反正望牌上的用字，只要讓自己人看懂就可以了。

至於有一些很西化的當舖，則以英文字母代替中文字，突破傳統的做法。雖然這種當舖屬於少數，但為了方便使用，或許用英文字母也算是一個不錯的安排。

不過，望牌掛在高櫃枱的牆上，且面向職員那邊，即使有典當者進入當舖，也未必可以看到望牌上的字。因此，要辨識當舖的望牌用字並不容易。

現在有部分當舖已電腦化，當票以電腦列印，當舖亦不需要再使用望牌。或許，在不久的將來，望牌會成為只能在舊式當舖才可以找到的物品，甚至只能在博物館看到了。

農曆元誑
休息四天
初五啟市

九龍 押業商會啟

Lunar New Year Holidays:
Closed from the first day to the fourth day
of the New Year.
Business will resume on the fifth day
of the New Year.

押物人須知

港例押物，農曆四個月滿期，月息每百元叁元五毫。期內繳足當款及利息，可憑票照回該物品。倘到期不贖，可清繳利息，續期四個月；如不續期，該物品即成為本押財產。倘有火燭盜劫等意外損失，本押不負賠償之責。燕梳保險，貴客自理。如扁本押失責，招致押下物品受損，最高賠償金額不超過壹拾萬元。若當票在有效期內遺失，如該物品仍未被贖去，可向本押填具遺失當票宣誓書，申領當票複本，但須繳費壹拾圓整。押物諸君，請祈留意。

營業時間 下午七時止
上午九時起

農曆己丑○○九年
公曆二○○九年

押業商會有限公司啟

9·7

本號領有貸欵牌照
押出欵項不受限額

當 —— Chapter.02 —— 押

—

將手上的財
物變成現金

流 ———— 程

當舖受法例監管

當舖涉及錢銀的瓜葛，若處理得不好，很容易被不法之徒所利用。例如：賊贓的買賣、高利貸的借款、不合理的收費等，均會令市民蒙受損失。

為了有效監管當舖，香港政府制定了《當押商條例》作為法律的規範，是當舖必須遵守的法例條文；而當舖商人亦自組商會，稱為港九押業商會，以維護當舖行業的利益。

由於當舖受法例規管，每筆當押程序都要清清楚楚，不能馬虎。因此，《當押商條例》對整個當押流程都有明確的指引。

港九押業商會

顏趯文題

九
港押業商會有限公司

訂明押物四個月為
期倘有蟲傷鼠咬兵
燹賊劫水火意外損
失本押不負賠償
貨物保險貴客自理
本押啟

舊式當舖條例

港九押業商會會員證

第八十二號

茲據
存德押 寶號
自願遵守本會會章
加入本會為
會員特發給會員證
書以資證明
理事長 顧趯文
副理事長 邱礼
一九五四年 月 日

港九押業商會是當舖行業的商會

屬於押業商會成員的當舖都有一張證明書

● 《當押商條例》是當舖必須遵守的，否則當舖或當押者都有機會觸犯法例。

各行各業都有行規，可能是約定俗成的規矩，亦可能是政府頒佈的法例。

當舖，有港九押業商會負責協調業內的問題，並為行內人士發聲，爭取應有的權益。但是，由於它只屬行內組織，不具法律約束力，若涉及法律問題的，則需按《當押商條例》，透過法律途徑處理，方有法定效力。

當舖不是一般的商業運作，當中涉及大量的金錢和資產的交易，要是處理不當，就會被不法分子有機可乘。以前，當舖的運作沒有法例規管，有些不法分子會魚目混珠，從中收取暴利，變相成為「高利貸」，故部分當舖有「九出十三歸」（即借 100 元，只支付 90 元，但要收取 130 元的本金和利息）的說法。這種另類的「大耳窿」，被稱為「雷公轟」。如果有市民在不知情的情況下到這類當舖當押，就變成向「大耳窿」式的當舖當押，市民就會蒙

受金錢上的損失。

　　為了保障市民權益及打擊不法商人，由政府頒行法例並進行監管，似乎是最好不過的事。法例生效後，非法經營的當舖已不存在，而領有牌照的當舖，取得合法地位之餘，對其借貸息率、年期等亦有一定規範，禁止當舖賺取暴利。

　　現行法例《當押商條例》於 1984 年開始生效。條例頒佈至今，已有 30 多年的歷史。其中，在 2009 年通過修例，規定將每筆的當押上限由 5 萬元提升到 10 萬元。這次的修訂對當舖的生意額帶來正面的影響。事實上，隨著社會越來越富庶，5 萬元的典當上限根本不敷應用，由 5 萬元調高至 10 萬元，也是合理的事。在將來，或許 10 萬元也不足以應付需要時，可能要再作上調。

　　在現行的《當押商條例》中，有些條例已經過時，需要重新檢討的。至於何時要重新作檢討，這就是商會要做的事了。《當押商條例》已有網上版本，有興趣的讀者可在網上瀏覽有關內容（可掃描下列二維碼），網址是：http://www.hklii.org/chi/hk/legis/ord/166/。

　　借貸要繳交利息，是人所共知的。當舖為有經濟需要的人提供借貸服務，收取利息是合情合理的。那麼，當舖的利息是怎樣計算的呢？

　　戰前，當舖的利息並不統一，一般是借貸時間越長，利率就會越低。這是當舖給予長期債仔的優惠。現在則沒有這種優惠，無論是典當一天、一個月，還是四個月，利率都是相同的。根據《當押商條例》第 11 條〈貸款的利息〉一項，對利息已有明確的規定，而在條例的〈附表 2〉也有記載：當舖的利息是「每農曆月 3 1/2 釐」。

　　所謂「每農曆月 3 1/2 釐」，即是以農曆計算，以月為限，可以收取利息 3.5%。簡單來說，就是每 100 元的貸款，農曆月的利息是 3.5 元（不足一個農曆月亦以一個農曆月計算）。農曆月息 3.5% 是當舖可收取的上限，即當舖可以收取少於農曆月息 3.5%，但不能高於此利率。

　　為了方便計算，有當舖在當眼處列明每個借貸額所收取利息的收費表，一目了然，讓當押者知道，每個價錢在當押期內所收取的費用。

　　另外，還有一個不成文的規定：在估價後，物件的價值不可以低於 100 元，之後亦會按 100 元的級數逐級提升。當舖之所以定位在 100 元，主要是方便計算利息，以便收取 3.5 元的農曆月息。

　　有當舖在 100 元底價後，增加 50 元這個級數，按 50 元的上升基數計算，即 150 元、200 元、250 元，如此類推。不過，以 50 元計算的話，利息的計算方法就變得複雜了，即月息是 1.75 元了。這個 5 仙，就難以找贖，當舖會收取 1.8 元。雖然當舖用較少爭議的四捨五入法來解決 5 仙所帶來的找贖困難，但折算成 1.8 元，即多收取 5 仙，變相收取高於農曆月息 3.5% 的費用了。大部分當舖為免在計算上添麻煩，亦不想因為多收或少收利息，而可

押本	1	2	3	4	5
$300	309	318	327	336	345
350	360.5	371	381.5	392	402.5
$400	412	424	436	448	460
450	463.5	477	490.5	504	517.5
$500	515	530	545	560	575
550	566.5	583	599.5	616	632.5
$600	618	636	654	672	690
650	669.5	689	708.5	728	747.5
$700	721	742	763	784	805
750	772.5	795	817.5	840	862.5
$800	824	848	872	896	920
850	875.5	901	926.5	952	977.5
$900	927	954	981	1008	1035
950	978.5	1007	1035.5	1064	1092.5
$1000	1030	1060	1090	1120	1150
$1050	1081.5	1113	1144.5	1176	1207.5
1100	1133	1166	1199	1232	1265
$1150	1184.5	1219	1253.5	1288	1322.5
1200	1236	1272	1308	1344	1380
$1250	1287.5	1325	1362.5	1400	1437.5
1300	1339	1398	1417	1456	1495
$1350	1390.5	1431	1471.5	1512	1552.5
1400	1442	1484	1526	1568	1610
$1450	1493.5	1537	1580.5	1624	1667.5
1500	1545	1590	1635	1680	1725
$1550	1596.5	1643	1689.5	1736	1782.5
1600	1648	1696	1744	1792	1840
$1650	1699.5	1749	1798.5	1848	1897.5
1700	1751	1802	1853	1904	1955
$1750	1802.5	1855	1907.5	1960	2012.5
1800	1854	1908	1962	2016	2070
$1850	1905.5	1961	2016.5	2072	2127.5
1900	1957	2014	2071	2128	2185
1950	2008.5	2067	2125.5	2184	2242.5
2000	2060	2120	2180	2240	2300
$2050	2111.5	2173	2234.5	2296	2357.5

押本	1	2	3	4	5
$2100	2163	2226	2289	2352	2415
2150	2214.5	2279	2343.5	2408	2472.5
$2200	2266	2332	2398	2464	2530
2250	2317.5	2385	2452.5	2520	2587.5
$2300	2369	2438	2507	2576	2645
2350	2420.5	2491	2561.5	2632	2702.5
$2400	2472	2544	2616	2688	2760
2450	2523.5	2597	2670.5	2744	2817.5
$2500	2575	2650	2725	2800	2875
2550	2626.5	2703	2779.5	2856	2932.5
$2600	2678	2756	2834	2912	2990
2650	2729.5	2809	2888.5	2968	3047.5
$2700	2781	2862	2943	3024	3105
2750	2832.5	2915	2997.5	3080	3162.5
$2800	2884	2968	3052	3136	3220
2850	2935.5	3021	3106.5	3192	3277.5
$2900	2987	3074	3161	3248	3335
2950	3038.5	3127	3215.5	3304	3392.5
$3000	3090	3180	3270	3360	3450
$3050	3141.5	3233	3324.5	3416	3507.5
3100	3193	3286	3379	3472	3565
$3150	3244.5	3339	3433.5	3528	3622.5
3200	3296	3392	3488	3584	3680
$3250	3347.5	3445	3542.5	3640	3737.5
3300	3399	3498	3597	3696	3795
$3350	3450.5	3551	3651.5	3752	3852.5
3400	3502	3604	3706	3808	3910
$3450	3553.5	3657	3760.5	3864	3967.5
3500	3605	3710	3815	3920	4025
$3550	3656.5	3763	3869.5	3976	4082.5
3600	3708	3816	3924	4032	4140
$3650	3759.5	3869	3978.5	4088	4197.5
3700	3811	3922	4033	4144	4255
3750	3862.5	3975	4087.5	4200	4312.5
$3800	3914	4028	4142	4256	4370
$3850	3965.5	4081	4196.5	4312	4427.5
3900	4017	4134	4251	4368	4485

押本	1	2	3	4	5
$3950	4068.5	4187	4305.5	4424	4542.5
4000	4120	4240	4360	4480	4600
$4050	4171.5	4293	4414.5	4536	4657.5
4100	4223	4346	4469	4592	4715
$4150	4274.5	4399	4523.5	4648	4772.5
4200	4326	4452	4578	4704	4830
$4250	4377.5	4505	4632.5	4760	4887.5
4300	4429	4558	4687	4816	4945
$4350	4480.5	4611	4741.5	4872	5002.5
4400	4532	4664	4796	4928	5060
$4450	4583.5	4717	4850.5	4984	5117.5
4500	4635	4770	4905	5040	5175
$4550	4686.5	4823	4959.5	5096	5232.5
4600	4738	4876	5014	5152	5290
$4650	4789.5	4929	5068.5	5208	5347.5
4700	4841	4982	5123	5264	5405
$4750	4892.5	5035	5177.5	5320	5462.5
4800	4944	5088	5232	5376	5520
$4850	4995.5	5141	5286.5	5432	5577.5
4900	5047	5194	5341	5488	5635
$4950	5098.5	5247	5395.5	5544	5692.5
5000	5150	5300	5450	5600	5750
$5100	5253	5406	5559	5712	5865
5200	5356	5512	5668	5824	5980
$5300	5459	5618	5777	5936	6095
5400	5562	5724	5886	6048	6210
$5500	5665	5830	5995	6160	6325
5600	5768	5936	6104	6272	6440
$5700	5871	6042	6213	6384	6555
5800	5974	6148	6322	6496	6670
$5900	6077	6254	6431	6608	6785
6000	6180	6360	6540	6720	6900
$6100	6283	6466	6649	6832	7015
6200	6386	6572	6758	6944	7130
$6300	6489	6678	6867	7056	7245
6400	6592	6784	6976	7168	7360

押本	1	2	3	4	5
$6500	6695	6890	7085	7280	7475
6600	6798	6996	7194	7392	7590
$6700	6901	7102	7303	7504	7705
6800	7004	7208	7412	7616	7820
$6900	7107	7314	7521	7728	7935
7000	7210	7420	7630	7840	8050
$7100	7313	7526	7739	7952	8165
7200	7416	7632	7848	8064	8280
$7300	7519	7738	7957	8176	8395
7400	7622	7844	8066	8288	8510
$7500	7725	7950	8175	8400	8625
7600	7828	8056	8284	8512	8740
$7700	7931	8162	8393	8624	8855
7800	8034	8268	8502	8736	8970
$7900	8137	8374	8611	8848	9085
8000	8240	8480	8700	8960	9200
$8100	8343	8586	8829	9072	9315
8200	8446	8692	8938	9184	9430
$8300	8549	8798	9047	9296	9515
8400	8652	8904	9156	9408	9660
$8500	8755	9010	9265	9520	9775
8600	8858	9116	9374	9632	9890
$8700	8961	9222	9483	9744	10005
8800	9064	9328	9592	9856	10120
$8900	9167	9434	9701	9968	10235
9000	9270	9540	9810	10080	10350
$9100	9373	9646	9919	10192	10465
9200	9476	9752	10028	10304	10580
$9300	9579	9858	10137	10416	10695
9400	9682	9964	10246	10528	10810
$9500	9785	10070	10355	10640	10925
9600	9888	10176	10464	10752	11040
$9700	9991	10282	10573	10864	11155
9800	10094	10388	10682	10976	11270
$9900	10197	10494	10791	11088	11385
10000	10300	10600	10900	11200	11500

● 有當舖張貼了利息計算表，讓典當者清楚知道需要繳付的利息。

● 有當舖以低息作為吸引顧客的手法

● 當舖的利息是有法律依據的，不能收取過多的利息。

● 收取平息是吸引顧客的方法之一

能惹上官非，索性一律以百元計算。

在商言商，當舖為了收取最高的利潤，應該會以最高利潤為利率依據。不過，在競爭激烈的營商環境下，部分當舖會用低息來爭生意，將利息定在農曆月息 3%，即每 100 元的貸款，在農曆月所收取的利息是 3 元，較可收取的利息上限少了 0.5 元。

不要以為這個 0.5 元的利息是微不足道的數額，正所謂「小數怕長計」。按一個月計算：每 100 元的利息少了 0.5 元；而 10,000 元的貸款少收了 50 元；四個月的借貸期就是少收了 200 元。以 100,000 元上限計，四個月的借貸期就是少收了 2,000 元。一筆典當生意額可相差 2,000 元，當舖少收的利潤則隨時以萬元計了。

從當押人的角度來說，能減少一些利息，減輕財政壓力，總是一件好事。他們之所以要典當，本來就是缺錢，可以的話，自然想找一間可繳交較少利息的當舖。當舖這個少收 0.5 的決定，可能會帶來更多的生意額。

雖然收取較低息率的當舖不多，不超過當舖總數的十分之一，而這些當舖都是統一收取農曆月息 3%，我沒見過比農曆月息 3% 更低的利率。減收 0.5% 是行內不成文的統一做法，以免引發惡性競爭。

由於受到條例所限，調低利息是可以的，但調高利息就是違法。在《當押商條例》第 11 條亦有列明：「任何當押商違反第（4）款，即屬犯罪，可處第 4 級罰款（$25,000）及監禁 1 年。」法例對當舖的借貸利率上限有所規定，就是要避免當舖收取高利息，變成另類的高利貸，即以前所謂的「雷公轟」。

以前，曾經有一些當舖是黑店，利用了當押人急於借錢的心態，不僅對當押物壓價，還收取過高的利息。這類非法的高息當舖，就被人稱為「雷公轟」，亦有所謂「九出十三歸」的做法。在法例的保護下，現在當舖都是合法經營，已不存在這類「掛羊頭賣狗肉」的黑店，當押人可以安心到當舖進行借貸交易了。

　　當舖為經濟有需要的人提供方便，只要典當者能以有價值的物品作抵押，當舖就會暫時借出金錢，為典當人解決燃眉之急。而且，有些「二叔公」檢驗了典當物後，隨即會問：「想要多少？」這句「想要多少」，除了是先讓顧客開價外，還可能正在試探，了解一下典當人想要借多少錢。我每次在當押時，聽到這句話，只會回應道：「盡當吧！」

　　不過，當舖的生意也不是無上限的，就算是當舖的熟客亦不可以無限額借貸。一來，當舖沒有銀行般的財源，不可能承擔太大的財務風險；二來，當舖受法例監管，不可以隨意設置貸款金額。根據政府頒佈的《當押商條例》附表 1〈本條例適用的最高貸款額〉，當中已清楚列出，每筆貸款上限是 10 萬元。換言之，無論當押品是什麼，當舖的每筆押金也不能超過 10 萬元。

　　然而，若當押品的價格遠高於 10 萬元，礙於《當押商條例》所限，當舖仍只能提出法定的最高限額 10 萬元，這樣就會出現低估當押品價值的情況。同樣，在條例的規管下，當押者即使想要超過 10 萬元的貸款應急，當舖也不能滿足顧客的要求。

　　對於這個規定，還有一些資料可補充：1990 年，政府釐定當舖最高貸款額時，上限是 5 萬元；到了 2008 年，行政會議則通過修例，建議將當舖最高貸款額增加至 10 萬元，並於 2009 年 2 月 25 日正式生效。根據當年的資料顯示，2008 年香港共有約 190 間當舖，而每家當舖每年約有 6,500 宗交易。據業內人士表示，提高了借貸額上限，的確為當舖帶來了更多生意。隨著經濟不斷增長，而人們擁有物品的價值又越來越高，10 萬元的借貸額已不敷應用，將來或有提高借貸上限的需要。

　　當舖雖受條例所限，但只要當舖領有「貸款牌照」，當舖就可以借出超

● 除非領有額外的貸款牌照，否則當舖的借貸是有上限的。

過 10 萬元了。當然，有當舖嘗試走「法律罅」，將超過 10 萬元的貸款分成兩張各少於 10 萬元的當票，以符合法例要求。不過，這種做法並不常見，一來當舖借出超過 10 萬元貸款所承擔的風險較高，二來除非典當者已無其他借貸方法，否則典當額超過 10 萬元所繳付的利息，可能較向銀行借貸更高。

換言之，如果當押人持有價值高的物品，而又想借到高額的貸款，就要找有「貸款牌照」的當舖。不過，由於大部分當舖都不會賣廣告，亦不會宣傳自己已領有「借貸牌照」，即使是有典當經驗的人，也不一定知道如何找到一間大額借貸的當舖。

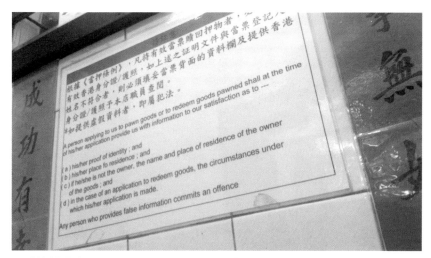

● 法例清楚指出，無論是當押或贖回物件，都需要出示身份證明文件。

　　在我的印象中，年幼時曾跟家人到過當舖一次，至於因何事進入當舖，則沒有什麼記憶了。我只記得，當時年紀小，我在當舖門口走來走去，根本不知道什麼叫借貸。後來，我對當舖產生興趣，經常出入當舖，但也沒有碰過有小朋友進入當舖的。這一點我可以理解，畢竟當舖不是遊玩的地方，沒必要帶小朋友去「見識」。

　　到當舖典當的人，一般都是成年人。按常理來說，當舖不會為未成年人士提供借貸服務，因為他們未必明白借貸的事，亦未必懂得相關的法律條例，更何況大部分未成年人都沒有經濟能力，幾乎可以肯定的是，他們無力償還貸款。再者，未成年的人通常沒有個人資產，若他能夠典當，則該典當物的來源則可能有問題。當舖為免麻煩或做虧本生意，大多不會為未成年人士提供借貸服務。

● 自從規定要持有身份證明文件方可以進行當　● 法例規定，有關人士需要出示身份證明文
　押，關於當舖的騙案已經減少了。　　　　　　件才可以進行典當交易。

　　當押人進入當舖，「二叔公」未必知道當押人的身份，但要知道典當者是否成年，只要啟動了當押程序，當押者就要披露自己的身份。因為根據典當規定，當押人是要出示身份證的，未能出示者是不能達成借貸協議的。

　　不過，一般人以為要年滿 18 歲才可以進入當舖並典當物品，實乃誤會。以前，政府的確沒有對典當人的年齡作出限制，因此只要「二叔公」認為沒有問題，小朋友也可以典當物品並進行交易。而且，當時的當舖亦不需要典當者留下個人資料，以後要贖回當押品，是「認（當）票不認人」。因此，有些人怕進出當舖時會遇到熟人而尷尬，就找小朋友替他們進行典當交

易了。

　　根據《當押商條例》第 21 條〈對當押商收取當押物品時的禁制〉，當中明確指出：「當押商不得收取 —— 任何未滿 17 歲的人當押的任何物品。」換言之，原來只要年滿 17 歲就可以進行典當。當舖亦不會查詢當押人的經濟能力，只要是合法典當，並認為是有利可圖，當舖便會接受交易。

　　當然，如果「二叔公」對典當者或典當物的來源感到可疑，例如典當者行為有異，或「二叔公」估計典當物是賊贓的話，「二叔公」是可以在無需任何理由的情況下拒絕為典當者提供借貸服務的。因此，部分當舖若覺得典當者要夠 18 歲才可以進行交易，是不需要另行通知的。要求典當者年滿 18 歲，似乎是慣常的做法，也是無可厚非的事。

　　在商言商，當舖認為有可觀的利潤，而又不涉及犯法事件的，一般是會接受典當生意的。俗語有云：「風險大自然回報率高。」不論典當者是 17 歲抑或是 18 歲，並不是當舖必須要考慮的事，「二叔公」所關心的，是這筆生意能否帶來利潤。

● 部分當舖有規定年滿 18 歲才可以進行當押交易

　　當舖為經濟上有需要的人士提供方便，為他們暫時解決了現金周轉的問題。典當者只須支付月息，就可以將物件典當，上限為四個月。

　　對有經濟困難的人來說，四個月的期限應該是足夠的。要是四個月還未能解決經濟問題，只須繳交利息，仍可以續當的。不過，如果真的遇到困難，四個月、八個月，甚至更長的時間仍解決不了，就可能要將當押品斷當了。

　　有些典當人在四個月的典當期滿後沒有贖回物件，就被稱為斷當（有些地方稱絕當或死當）。根據典當規定，那件典當物在期滿後，就屬於當舖，而當舖可以自行處理該物件，這件典當物件被稱為流當物。一般來說，當舖會出售那些流當物，這樣不僅彌補了當舖的損失，還可能為當舖帶來更大的利潤。

　　典當人拿著物件到當舖，「二叔公」除了要驗證物件的真偽外，還會對該物件進行估價。既然是估價，每間當舖都會有所不同，不過估價的差距不會太大，各當舖的估價，大多在物件價值的五成或六成。當舖將物件壓價，就是避免典當者不贖回物件，令當舖做了一筆賠本生意。

　　不過，這個估價還是有變動的。如果是當舖的熟客來典當物品，「二叔公」的估價會提高一些，有時還會由熟客出價，只要仍在當舖可承受的範圍內，當舖是會接受的。畢竟，只要熟客在當押期內贖回物品，當舖能賺取利息就可以了。

　　舉例來說，典當人拿著金飾到當舖，「二叔公」估計典當的物品值 1,000 元，可能會開價 500 元。若典當人接受這個價錢，這次的當押就算成交了。四個月的典當期利息是 70 元（每 100 元的月息是 3.5 元，500 元的利息是

17.5 元；四個月就是 70 元）。換言之，當舖的成本加上預期可得到的利息是 570 元；若典當人不贖回物件，當舖就要以高於 570 元的價格出售物件，否則就未能收取應有的利潤了。

為了能順利賣出流當物，當舖會以低於市價的價格出售來吸引買家。例如，這件價值 1,000 元的典當物，定價在 850 元。若成功賣出該物件，當舖除了能收回 500 元的成本和 70 元的利息外，還可以獲得 280 元的額外利潤。

乍一看，當舖所得的利潤甚為豐厚，但當中是要承擔風險的，如估價偏高導致利潤減少甚或虧本，又要估算四個月後金價的變化，以及估計成功售出物件的所需時間。

曾有當舖老闆表示，寧願典當者贖回典當物，也不想物件成為流當品，因為典當者贖回典當物，方能確保他們身上仍有一件可抵押的物品，那麼下一次還可以再抵押，當舖才可以繼續經營下去。否則，人人都身無長物，當舖就不可能經營下去。

如果當舖覺得該件典當物所存在的風險太高，未必能取回成本的話，「二叔公」寧願少做一筆生意，也不會接受典當，更不會為典當物進行估價了。曾經不止一次，「二叔公」認為我的當押品無利可圖兼存在一定風險，因而拒絕我的典當。因此，當舖能否在典當中賺錢，「二叔公」的經驗固然重要，但當舖也要有一定的運氣，才能做到「低價吸納，高價出售」，一買一賣，貨如輪轉。

法例以外的當押程序

根據《當押商條例》規定，當押人在進行當押時，需要向當舖出示身份證，而當舖亦要登記當押人的身份證號碼和住址，所有資料都會清楚寫在當票上，白紙黑字，一目了然，不能作假。當舖登記當押人的個人資料，亦可方便追查相關記錄，大大降低了不法之徒行騙的可能性，保障了當舖的利益。因此，當舖願意執行這些規定。

雖然當押程序受到法例監管，但當舖的營運仍是有一定彈性的。例如，當票的設計和內容，當舖的營業時間等，並沒有明確規範。因此，每間當舖都有其獨特性，亦很個人化。

　　各行各業已進入電腦化的年代，當舖也不例外。當舖使用電腦，能清楚記錄當押資料，當票於是變成給予典當者的象徵式記錄。說穿了，典當者不用當票，只要有身份證，加上當舖的電腦資料，就可以補領當票或贖回典當物。用俗語去表達即是：典當是「認人不認（當）票」。這張給予典當人作存根的當票已失去了原來的效力。

　　若典當者遺失了當票，只要到當舖報失，原有的當票就作廢了。就算沒有報失，別人拿著拾獲的當票，亦不能領取該典當物。這要歸功於當舖內清楚的電腦資料記錄，所以抵押品在當舖是很安全的。相比以前，當舖是「認票不認人」，當票上沒有個人資料，遺失當票是比較麻煩的事，別人甚或可憑當票贖取典當物。

　　為什麼會有人領取不屬於自己的物品呢？這是由於當舖以低價典當物品，別人可以平價「買」到典當物。舉例來說，當舖以 500 元典當了價值 1,000 元的金飾，某人拿著 500 元的當票，連計算利息在內，成本也不過 600 元；如果某人用 600 元便能贖回 1,000 元的金飾，是有利可圖的。換言之，這種舊式當票不僅是借貸的憑據，也是一張能換取資產的收條。

　　典當者遺失了當票，會連典當物也贖不回。除非典當者早就有意斷當，否則一定會好好收藏當票。一來，典當者不想給別人知道自己要典押物品；二來，以供他日贖回物件之用。

　　由於當票有其本身的價值，因此，舊香港曾有不少涉及當票的案件，只要翻開舊報紙，不難發現案件有三大類別：

　　一、當票是賊人搶劫的目標之一。賊人搶了當票，就可以憑當票以平價取回典當物；亦有賊人夜闖民居，除了偷取財物之外，也會偷當票。

● 法例要求，當押過程中必須出示身份證。

二、警方可憑某人擁有不合理的當票數量，而拘捕可疑人物。即警方截查可疑人物時，發現其身上或家中藏有大量或不合理數量的當票時，便有理由懷疑這些當票是以搶劫等手法得到的（亦有可能是將搶劫得來的物品拿到當舖典當）。這樣警方就可以拘捕有關人士。

三、當票有黑市價值。有些不法分子在黑市市場買賣當票，賣給想透過當票圖利的人，成為另類交易品。

為了解決這個問題，政府規定當舖實行具名制，即典當者或贖回抵押品的人，一定要出示身份證登記，而當舖亦會在當票上清楚寫上典當人的個人資料，作為簡單的登記手續。

再加上現在的當舖電腦化，昔日以當票行騙的手法，已不能再使用。電腦化除了改變當舖的傳統經營模式之外，亦能有效保障典當者和當舖的利益，為典當者和當舖帶來不少的好處。

當押人到當舖進行交易後，當舖會為當押人填寫一張收據，交由當押人保管，作為當押人贖回當押品的憑證，這張收據就是當票。

許多人沒有進入過當舖，連當票也沒有見過。在《紅樓夢》第五十七回，提到關於當票的事：

> 一語未了，忽見湘雲走來，手裡拿著一張當票，口內笑道：「這是個賬篇子？」黛玉瞧了，也不認得。地下婆子們都笑道：「這可是一件奇貨，這個乖可不是白教人的。」寶釵忙一把接了，看時，就是岫煙才說的當票，忙折了起來。薛姨媽忙說：「那必定是那個媽媽的當票子失落了，回來急的他們找。那裡得的？」湘雲道：「什麼是當票子？」眾人都笑道：「真真是個呆子，連個當票子也不知道。」薛姨媽嘆道：「怨不得他，真真是侯門千金，而且又小，那裡知道這個？那裡去有這個？便是家下人有這個，他如何得見？別笑他呆子，若給你們家的小姐們看了，也都成了呆子。」眾婆子笑道：「林姑娘方才也不認得，別說姑娘們。此刻寶玉他倒是外頭常走出去的，只怕也還沒見過呢。」

古代的大戶人家不認識當票，一點也不奇怪。現在，有人沒有見過當票，不認識當票，亦不算是奇聞。

一個當押品會有一張當票，當票上寫有當押交易的資料，記錄得清清楚楚，若有兩件當押品，就有兩張當票。就算當押人同時有多筆當押交易，只要看看當票上的資料便不會弄錯。這張當票是重要的當押文件，典當人需要小心保管。

● 遺失當票需要填寫遺失當票宣誓書

● 有遺失當票聲明書是用英文寫成，方便非華語人士使用。

　　當然，無論是如何小心處理，也有遺失當票的可能。假若遺失了當票，典當者應立即通知有關當舖，並辦理報失手續，當舖會馬上為當押人發還一張當票複本。所謂複本，其實是將原來的當票作廢，同時為當押品重新填寫當票。若典當人再次遺失當票，只須再次補領當票就可以。原則上，當舖不會設有遺失當票的次數上限，遺失當票的次數也不會對當押帶來影響。儘管如此，典當者也不可能在四個月的典當期內遺失當票多次吧。

　　典當人遺失了當票，也不用擔心不能取回典當物。一來，當票是一式兩份的，當押人留一份，當舖也有一份，即使當舖尚未電腦化，也可以憑當舖的副本找到相關典當記錄；二來，當舖有當押人的身份證資料記錄，只要用身份證核實身份，即使有人拾獲當票，亦不能憑當票領取典當物。在未有法例規定當押時需要出示身份證，以及不用在當票上填寫個人資料時，當押人遺失了當票，真的有機會被其他人贖走了典當物。

事實上，有清楚的典當記錄可以免除很多不必要的麻煩。1982年的報紙記載：曾有女子在當舖內贖回物件時，被警員拘捕，原來該女子的姓名與一個曾犯謀殺罪的通緝犯相似，結果引起了一場誤會。

　　現在當票最低限度是一式兩份的，還有身份證資料作依據，因此即使遺失當票也不會造成交易錯誤。不過，這個做法確實令當舖多了一些複雜的工序，當舖因而收取手續費，亦不足為怪。根據《當押商條例》第14條〈當票複本的交付〉的（b）項指出：「交出訂明款項以支付開支。」這個「支付開支」並沒有明確金額。換言之，因遺失當票而向典當人收取費用是必須的，視為當舖的行政費用也是合理的，但法例沒有規定收取多少。

　　一般來說，大部分當舖會象徵式地收取10元手續費。無論那筆當押交易涉及多少金額，只要仍在四個月當期內的，手續費就是10元。這個定價是有法例可依的。按香港法例第166A章《當押商規例》附表中的表格5，有一張依《當押商條例》（第166章）的第14條「遺失當票法定聲明」的樣本。《當押商條例》附表的表格4中，有一段是這樣的：

　　　　（d）如你遺失本當票，或被人以欺詐手段騙去本當票，而有關物品仍未贖回或售出，則你在向當押商提供一份法定聲明，說明遺失當票或被人騙去當票的情況，並向其繳付$10以支付開支後，可領取當票複本。

　　雖然10元不是法例的明文要求，但在樣本表格上有這樣的寫法，於是便成為「有法可依」的收費。當然，有部分當舖不依10元手續費的「劃一規定」，收取較高的手續費。有當舖清楚列明：遺失當票要繳付30元手續費，亦有當舖收取該次當押利息的一倍金額作手續費。無論當舖所收取的費

用是否過高，典當人也只能無奈接受。當押人沒有妥善保管當票，也應該要負責任吧。

由於沒有法定的手續費金額，有「二叔公」發揮助人為樂的精神，幫助有經濟困難的人，索性不收取手續費。而且，10 元手續費只是象徵式收費，根本不能為當舖帶來更多利潤，不如少收 10 元，為當押人留下良好印象，自此成為當舖的熟客，可能得到的回報會更大。

我試過有一次遺失了當票，到當舖報失時，「二叔公」卻說：「街坊生意，不用收 10 元了。」雖然 10 元不是大數目，但當舖主動提出免收手續費，我只好連忙點頭道謝。原來免收這個 10 元的「支付開支」，對典當人來說，也是一個很好的優惠。

有「二叔公」曾有這樣的解釋：當典當人在報失當票時，已表明要贖回物品，當舖會認為交易已完結，不算是補領當票，也就免收 10 元手續費了。我認為，除了這個原因外，也是為了給典當人留下好印象吧。少收 10元就換取了顧客的信心，這 10 元是很划算的。

對當舖來說，有時不是為了要多賺 10 元，而是覺得當押人遺失了當票，或多或少要有一些手續要處理，收取 10 元算是象徵式的行政費而已。

● 當票的背面多數列有當押的資料

● 在當舖內多數有一張押物人須知，會清楚寫上當舖的營業時間。

● 有當舖的主要生意額是來自星期日，亦有當舖選擇在星期日工作半天。

當舖的營業時間是固定的，除了指定日子是休息日外，平時就算是星期日，也是照常營業。這主要是方便有需要的人，可隨時到當舖典當或贖回典當物。

以前，押業商會是會提供營業時間的指引的，尤其在特別的日子，例如年三十晚，建議延長當舖的營業時間，並在報紙上刊登公告，讓大眾知道當舖的營業時間，確保有足夠的時間讓市民進行典當，以度過年關。這種做法，既可予人方便，又可賺錢，何樂而不為呢？

事實上，當舖只能按經驗作出實際需要的調整，當舖是否要延長服務時間，是自行決定的，不用申請。現在，多數當舖是朝九晚六營業的，有部分

會提早到上午 8 時營業，亦有延遲至晚上 7 時才關門的。當舖營業時間的長短，是不可能統一處理的，要視乎每一區居民的實際需要。

　　無論是什麼時間營業，當舖均有一個不成文的規定，就是營業時間不可早於上午 8 時，亦不可遲於晚上 8 時。這個安排是按法例的管制而作出的，香港法例第 166A 章《當押商規例》的第 8 條清楚列明：

　　　　（1）除在以下時間外，任何人不得當押任何物品、收取任何物品的當押或贖回任何物品——

　　　　（a）農曆年初一前一天上午 8 時至午夜；及

　　　　（b）任何其他日子上午 8 時至下午 8 時。

　　法例規定當舖的營業時間須在上午 8 時至晚上 8 時之間，究竟為什麼要定在 8 時，而不是 7 時或 9 時，或是其他時間呢？據一位較資深的當舖老闆表示，這個規定是有實際作用的，在搶劫案較多的舊社會裡，小偷、匪徒喜歡在清晨或晚上犯案。為免他們將搶劫得來的物品馬上拿到當舖進行典當，當舖因而按政府的要求，避免在早上 8 時前開舖，也不在晚上 8 時後營業。這個說法或許是反映了舊社會的情況。我認為，當舖為避免收到不明來歷的物品而惹上麻煩，索性在朝八晚八的時間外停止業務，也是不錯的安排。

　　再者，在舊社會裡，在晚上仍會有人急於要典當的日子，應該只有在年三十晚。由於在農曆新年的年初一、二、三，當舖並不會營業，為保證市民在農曆新年的幾天裡，有足夠的金錢供派利是或送禮之用，否則難以捱過這個年關，法例因此規定，當舖可在年三十晚營業到午夜。不過，我未曾試過於年三十的晚上到當舖借貸，不太清楚是否仍有不少市民需要借錢過年。現在的當舖在年三十晚應該不會再營業到半夜了。

● 當舖的營業時間清晰明瞭，不會　● 香港當舖的營業時間是有規定
　隨意更改。　　　　　　　　　　　的，所以不可能有 24 小時通宵
　　　　　　　　　　　　　　　　　營業的當舖。

　　基於當舖有關於營業時間的條例所限，所以香港沒有營業時間超過 12
小時的當舖，更遑論要有 24 小時全日無休的當舖了。不過，澳門的情況較
為特別，當地當舖需要配合 24 小時運作的賭場，所以澳門當舖的營業時間
一般比香港長，甚至有 24 小時營業的當舖，這是澳門當舖與香港當舖比較
明顯的分別。

　　而且，即使是需要用錢的人，也不可能急得要在深夜典當物品，真的有
需要的話，留待第二天早上來典當亦可。在朝八晚八以外的時間來進行典當
交易的人，肯定不會是多數，倒不如讓當舖員工休息一下，沒必要延長工作
時間，更沒有需要提供 24 小時的服務。

● 為了讓前來典當的人清楚知道當舖假期，當舖會預先把假期資料張貼在當舖內。

　　根據香港政府規定，在公眾假期裡，員工可以享有有薪假期，店舖亦有可能在假期內不營業。事實上，香港只有部分的飲食行業或服務性行業是全年無休的，其他公司都會按法定假期休業的。典當業雖是一個傳統行業，但在法定的公眾假期內仍會休業。

　　以前，市民的生活環境不好，許多基層市民經常要光顧當舖。為免有經濟需要的人「摸門釘」，押業商會會在報章刊登當舖放假的公告，有時在特定日子要方便市民進行借貸，亦會在報紙上刊登更改當舖的營業時間。

　　對大部分店舖來說，放假是理所當然的事，也可以隨時提出休業而不需要事先通知。東店有事、臨時休假不營業，甚至一連放幾天假期，也不會引

Lunar New Year Holidays:
Closed from the first day to the fourth day
of the New Year.
Business will resume on the fifth day
of the New Year.

● 當舖的假期有別於其他行業

We are closed today for
Tuen Ng Festival

We are closed today for
Labour Day

● 當舖假期主要是公眾假期，在
　當舖外會有清楚的通知。

● 一般來說，假期是由商會安
　排的，但沒有約束力。放假
　與否，可由商舖自行決定。

起市民的不滿。然而，當舖要休假是要事先說明的，最低限度也要在店舖內張貼休假通告。

有當舖會在休假前幾天，在當舖內張貼假期通告，讓前來典當的人知道，不要在這些日子贖回物品；亦有當舖會在店內張貼該年度（以農曆計算）全年的休業安排。至於放假當天，當舖一般會在門外張貼休業通告，否則若是顧客誤以為是「突然結業」，就會引起軒然大波。

當舖之所以要將放假日期預先告知市民，就是希望有經濟困難的市民知道，就算遇到突發事情，有些日子還是未必可以當押物品；而計算當押時間或贖回物品時，也不要遇上休息日，否則，當押品有機會要被多收利息，甚至成為流當品了。因此，當舖的營業時間是要清楚列明的。

我有一次不好的經驗，就是在農曆年初四，打算到某當舖贖回物件。豈料，當我早上來到當舖時，當舖並沒有營業，門外亦沒有貼上休息的通告。結果，我呆等了一小時，決定改日再贖回物件了。

以前，港九押業商會有限公司會在報紙上刊登公告，提醒市民當舖於什麼日子會提早收工，或在什麼日子休業，清清楚楚，統一處理。現在，商會已不會再用公告形式通知公眾，假期公佈則由該當舖自行處理。畢竟，當舖是否放假，或是否會提前下班，乃是個別當舖自己的決定。

有「二叔公」覺得星期日及公眾假期到當舖進行交易的人最多，尤其是在港工作的外籍家庭傭工，他們只能在這天處理金錢上的事。然而，有當舖卻採用 6 天半工作制，即星期日下午是休息日，選擇不做生意。

當舖的假期以勞工假期為主，但我見過有當舖沒有按規定編定假期。例如 2017 年的勞動節假期，許多當舖都會休息，但亦有當舖會繼續營業。

至於遇到特殊的情況，則有另外的計法。例如在 2016 年 10 月 21 日，颱風海馬襲港，天文台於上午 6 時 10 分懸掛了 8 號風球，直到下午 5 時 20

港九押業商會有限公司 二零一七年度休假一覽表 丁酉年

假期名稱	農曆	新曆	星期	天數休假
農曆新年	正月 初一 初二 初三 初四	一月二十八日至 一月三十一日	六 日 一 二	四
清明節	三月初八	四月四日	二	一
勞動節	四月初六	五月一日	一	一
端午節	五月初五	五月三十日	二	一
特區紀念日	六月初八	七月一日	六	一
國慶日	八月十二	十月一日	日	一
中秋節	八月十六	十月五日	四	一
重陽節	九月初九	十月二十八日	六	一
新曆元旦	十一月十五	2018年一月一日	一	一

港九押業商會有限公司

● 有當舖張貼全年的當舖假期日於當眼處

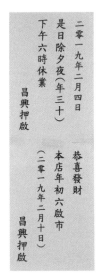

二零一九年二月四日
是日除夕夜(年三十)
下午六時休業
昌興押啟

恭喜發財
本店年初六啟市
(二零一九年二月十日)
昌興押啟

● 只要有清楚的通知，當舖跟其他店舖一樣，可以自行安排假期。

歡迎問價
首飾鑽石手錶足金　手提電話
HIGH PRICE PAWN
18K 750 Gold　14K 585 Gold
22K 916 Gold　24K 999 Gold
Bracelet　Necklace
Ring　Earring
Diamond
營業時間
早上九時至晚上七時
9:00A.M -7:00P.M
公眾假期照常營業
Open on public holtdays
Saturday and Sunday
Pegadaian emas
PEGADAIAN　PEGADAIAN

● 有當舖幾乎是全年無休，只要在當舖前有清楚的通知就可以了。

農曆元誒
休息四天
初五啟市

<港>
<押業商會啟>

Lunar New Year Holidays:
Closed from the first day to the fourth day
of the New Year.
Business will resume on the fifth day
of the New Year.

德榮大押

德榮大押

● 當舖亦有恒常假期，而有關放假的告示
　會張貼在店舖外。

分才除下 8 號風球。那天變成突如其來的颱風假期，大部分店舖都是全日休業，當舖的店員亦不用上班。

在颱風假期後，我到當舖贖回物品，順道向「二叔公」了解在打風期間的安排。有當舖負責人表示，在 8 號風球懸掛期間，當舖是不會營業的，一般在除下 8 號風球後，才考慮是否開門。這個做法大概是仿效銀行，約在兩小時後恢復營業。不過，如果除下 8 號風球的時間已接近當舖關門的時間，當舖多數不會營業。如果有典當物是在那天到期，自然會順延一天，不會馬上將當押品變成流當品。

對於這些無法預測的假期，要在當舖老闆和典當者兩個持份者的利益之間取得平衡，否則會造成不公平的現象，除了為典當者帶來不公平或招致損失外，亦可能會影響當舖的聲譽。做生意的應該要儘量爭取雙贏，才是最好的做法。

● 假期要清楚列明，張貼在當舖門前。　● 當舖很少假期，行業例假多數是公眾假期。

經 ——— 營

———

Chapter.03

當舖營運與
管理手法

之 ——— 道

當舖老闆的管理手法

當舖不是一般的商店，有其獨特的管理
方法。

舉例來說，一般商店不會強調自己是否擁
有經營單位的業權，商店的任何商業決
定，並不用向公眾人士作出交代。但當舖
涉及金錢及財物的交易與保管，管理手法
是有別於一般商店的，就算是搬遷、結業
等事，也要清楚說明。

● 自置物業是當舖有經濟實力的證明

● 或許，只有當舖這個行業會以自置物業作為宣傳手法。

　　店舖是否擁有自置物業，外人是很難知道的。店舖老闆一般不會高調向外宣佈舖位的業權是否屬於自己；站在消費者的角度來說，他們亦未必會關心店舖老闆是否擁有該舖位的業權，還是只是向業主租用的單位。

　　然而，許多當舖門外都會掛上自置物業的標示，讓人覺得當舖以此方法吸引客源。事實上，這句話其實是另有用意，即是要告訴大眾：店舖是自己的物業，證明當舖有一定的財力，不會隨時結業，也不會隨時搬遷，這是讓典當者得以安心的保證。

　　當舖與一般商舖不同，有必要告訴給典當者知道：當舖的財政狀況是穩健的。一般的商舖結業，老闆與顧客雙方基本上是沒有瓜葛的。然而，當舖結業就會有點麻煩了。因為當舖每筆生意都涉及四個月的時限，當押品未到期限，當押人都可以在限期內到當舖贖回物品。如果當舖忽然結業，當押人怎樣才可取回物品呢？如果在沒有通知的情況下，典當者有可能取不回自己的典當品，那麼當舖則涉嫌詐騙了。

　　當押人把物件交到當舖，除非早已決定斷當，否則他們仍有機會贖回物

件。因此，當舖有責任將當押品妥善保管四個月，亦要讓典當者在當押期內可以取回物品。

再者，作為精明的典當者，是有必要考慮當舖財政是否穩健的，尤其是以往曾有不法分子經營假當舖詐騙財物，或收取高利息，典當者容易招致損失。為了讓顧客辨識經營當舖者是否為合法商人兼且財政穩健，當舖除了在門外寫上「自置物業」四個字外，還會掛上東主姓名等資料。這種做法並非法例所要求的，但在舊式當舖的門外仍可見到，這成為當舖的另一個特色。

當舖不是做一般買賣的商店，而是涉及金錢，以及將有價值或有紀念性的物品進行抵押借貸的商業場所。正如市民存款在銀行一樣，銀行需要為顧客提供存款的信心保證。

然而，隨著時代的轉變，不少典當者不會把這兩個標示作為選擇當舖的考慮因素。一來，典當者對當舖東主一無所知，即使知道了一般資料，亦不會知道東主具體的身份和經濟情況；二來，受到市區重建等因素的影響，就算是屬於自己的物業，當舖也有面臨清拆和搬遷的可能。現在的當舖已不再將這兩項資料寫在門外，似乎這些資料在顧客心目中的重要性已大不如前了。

大部分當舖負責人表示，他們主要是做街坊生意，地點方便才是重要的考慮因素。

● 自置物業是當舖慣
常用的宣傳字句

有人覺得經營當舖是穩賺不賠的生意，否則怎會到了 21 世紀初仍有約 190 間當舖呢？其實，當舖之所以能生存著，是因為社會上仍有一定數量的顧客 —— 有經濟困難而需要靠抵押借貸度日的人。

以前的當舖是怎樣的呢？我在舊報紙找到一個寫於 1960 年代，關於警察的專欄，其中有一篇講到當舖：

> 我對阮仔講曰：香港自開埠以來，即有呢條當舖法例，你有冇睇到，凡係當舖，必定喺門口招牌上寫一個「押」字乎。此亦係香港法例所規定者。有的當舖老細，熟悉客仔之心理，想開一間新式當舖，門口唔寫押字，或者同的公寓看齊，可以行後門出入，包冇人睇到，但係亦辦唔到也。香港好多有體面之人，雖然水緊，亦唔敢走入當舖者，因面子問題也。如果可以開一間新式當舖，唔駛在門口掛個押字大招牌，而且有後門可以出入，冇人睇到，則開一間喺跑馬地就可以發達矣。好多人買咗兩三場馬，都買唔中之時，就要除錶除戒指矣。香港管制當舖之法例相當嚴，從來未聽見過如開喺澳門賭場附近，專門做「雷公轟」之當舖生意者。
>
> 阮仔起先以為當舖好做，非常容易搵錢者，因此對佢講曰：阮仔，你地後生仔唔知咁多野矣，戰後第一個時期，香港之當舖，的確好做。你未見過香港呢邊之水坑口以及九龍旺角山東街附近之故衣舖，一到冬天，生意滔滔，迫滿人買野。個的故衣舖專門執當舖之斷當貨色，價錢稍為便宜的。戰後香港的野好貴，買唔起新衫著之人，只好買舊衫。但係現在情形不同矣，阮仔你咪以為自己好叻，當差搵幾百銀一個月，外

● 現在只餘下幾幢舊式的當舖建築物

● 德貞押的原來模樣

● 舊式當舖都是全幢的建築物，但現在只需要很少的面積就可以營運一間當舖了。

● 元朗晉源押

面打工之人搵錢搵得多過你也。你當差所能搵到者，追唔上山頂，淺水灣及石澳闊佬人家汽車司機及女工。想落當差都有乜癮者也。你知唔知道，官塘的工廠出糧之日，去官塘叫唔到的士？因為的女工出一個月糧有成千幾銀，拍住個幫辦咁多人工，有的假髮廠之穿髮工人，熟手者搵千四五銀閒閒地也，阮仔聽見我講大為驚訝。（〈當差可以分兩份豬肉〉，《工商晚報》，1969年12月7日）

故事內容雖然有些雜亂，但可以看到舊香港的當舖情況，例如有「雷公轟」、故衣業，甚至有新式當舖的發展等。這篇文章的資料尚算豐富，為舊香港的當舖面貌留下註腳。

許多人沒有到過當舖，尤其是在社會環境越來越富庶的背景下，普遍市民已不需要靠借貸度日。無論是艱苦的歲月，還是生活條件較好的日子，到當舖典當的人，除了有特別的原因外，一般都離不開兩個情況：窮與賭。窮人要錢開飯，需要經常光顧當舖；而嗜賭的人也成為當舖的常客。這兩點很易理解，不用多解釋。

嗜賭的人對借貸有不少需求，導致當舖與賭場形成了互惠互利的關係。許多人認為：有麻雀館的地區，旁邊就有當舖，兩者之間有著微妙的共生關係。香港某些地方的確可以看到麻雀館與當舖為鄰，共同生存，甚至有人說麻雀館老闆會兼營當舖，將已輸得精光的賭仔，進行第二次「洗劫」，誘使他們典當身上值錢的財物。

麻雀館和當舖有互利互惠的關係，可以依靠對方生存，但不一定有必然的關係，更不會是由相同的經營者來管理。有麻雀館負責人表示，法例是不容許麻雀館老闆兼營當舖的，而麻雀館的職員也不可以代賭客典當物品。按這個情況所說，麻雀館與當舖為鄰，只是巧合而已。有一篇寫於 1980 年代的專欄，有提到麻雀館與當舖之間的事，算是揭露了行內的「小秘密」。專欄的內容是這樣的：

> 假如你有心的話，一定發現一種奇怪的現象，那就是：大凡在頗大規模的「麻雀耍樂」附近，多數有一個修理墨水筆、修理手錶的小檔口。而光顧的人，大多數是在「麻雀學校」搏殺的人，你會懷疑，難道他們的手錶、墨水筆，是很容易壞的，才光顧這些修筆、修錶檔的嗎？絕對不是，原來光顧修筆、修錶檔的雀迷，他們的筆、錶，絕非壞了，

● 這類維修金筆和手錶的小店舖，跟當舖可能有些微妙的關係。可惜仁泰押已結業，店前的修理小店亦沒有了。

才去光顧小檔，應該是完完好好的錶、筆，才可光顧。

　　其實，這些小檔的正式營業，不是替人修筆、修錶。它們的「生意」，祇是一種小型典當生意而已。

　　原來，「麻雀學校」為了便利雀迷，一直是有「打馬」之設，所謂「打馬」，也就是賭徒輸光的時候，可以准他除下了值錢的筆、錶，送到「馬房」，由「馬房」給回他一筆可望收回失地的籌碼，這就是「打馬」了。不過，麻雀學校要遵守港府法例，麻雀學校設「馬房」經營典當生意，就是犯法。所以，軍師們祇好為他波士想出辦法來，便在「雀校」附近，設一個小檔口，名目上是替人修錶、修筆，實在卻是兼營典當生意，由小檔收了賭徒的筆、錶，給他一筆錢，再給予一張修筆證，到時，賭徒有錢，便可以憑證贖回，就算放棄。這一種小檔，其實是走法律罅的。(〈變相小型當舖〉，《工商晚報》，1983 年 3 月 17 日)

我沒有刻意留意麻雀館附近，是否有一些小型錶、筆的維修檔。或許，就算有麻雀館老闆暗中私營典當的一條龍生意，似乎也只是個別的做法。

　　不過，為了方便賭徒，或為了得到更大的利潤，有個別的麻雀館進行其他的勾當，也不足為奇。這只能說：這類由麻雀館衍生出來的另類小型當舖，算是典當業的變種，是生意的經營手法而已。

● 就算當舖只是遷往附近的地方，　● 當舖在搬遷後，可能會更改名稱。
　也要有清楚的指示。

　　許多當舖都會強調自己擁有該經營單位的物業，一來以示當舖有一定的財力，給予當押者以信心保證；二來也可以讓當押人知道，當舖有固定的經營點，不會隨意搬遷。

　　儘管如此，當舖搬遷也是很平常的事，例如將當舖所在地段列入重建範圍，或當舖需要調整營業空間，就需要搬遷了。此外，有當舖因沒有自置物業而需租用舖位，在面對加租壓力時，也會有搬遷的情況。

　　不少人認為店舖搬遷是平常事，已經見怪不怪，但當舖搬遷確實較少出現，尤其是大型當舖的搬遷，更會引起社會的關注。舉例來說，旺角朗豪坊的位置，曾有一間大型的當舖，名為同昌大押。當舖位於人多車多的十字街頭，是當時的重要地標之一。然而到了 1990 年代，當舖一帶被列入重建區，同昌大押原址的建築物被迫拆除，需要搬到同區的另一個店舖繼續營業。至於原有

● 有當舖搬遷後，在舊當舖門　● 為免引起誤會，當舖會在搬　● 當舖搬遷必須要有清晰的
外貼上新地址的資料。　　　遷前張貼告示。　　　　　　指示

● 拆卸前的灣仔同德大押

● 有當舖把舊照片掛在當舖內，讓顧客可以緬懷一番。

的舊大押建築柱身，則被安置到赤柱美利樓旁，供遊人欣賞，成為「新」景點。現在有許多人喜歡在該柱旁拍照留念，但知道柱身原址的人已經不多了。

　　灣仔區有兩幢舊當舖建築，同樣是區內的重要地標，一座是和昌大押，另一座是同德大押。兩幢建築物有著不同的命運，但相同的是，兩間當舖均由大舖搬到細舖，和昌大押於 2022 年再次搬遷，現在西環營業，而同德大押則在原址附近繼續營業。和昌大押原來的建築活化成餐廳，是香港第一幢將舊式當舖進行活化的建築物；而同德押所在的軒尼詩道 369 至 371 號，已獲當局批准重建成 23 層高的商業大廈，早已被拆卸了。

　　當舖要搬遷，對大部分人來說是沒有影響的。如果當舖在搬遷後，仍在區內營業，對當押的人來說，所帶來的影響是很細微的。因此，許多人都不會留意當舖搬遷的事。

　　我見過一間當舖在大堂內，張貼舊舖的照片，讓前來典當的人，可以緬懷一番。這些舊照片有裝飾新舖的作用，亦帶點懷舊的味道，的確是很有特色。我看著這些舊照片，感覺就像是該當舖的小型展覽一樣。

　　其實，進入當舖的人，是否真的會在舖內欣賞舊照片？至於沒有進入當舖的人，更是無緣欣賞這些舊照片了。

● 當舖內掛上舊照片

● 高氏家族的當舖在全面裝修後，在當舖內掛有全線當舖的新照片。

　　當舖能幫助有經濟困難的人度過難關。然而，當舖也是一盤生意，自己本身也有可能遇到經濟困難的時刻。畢竟，無論是做什麼生意，都有可能會結業，當舖自然也不例外。

　　生意結業有很多原因，當舖結業也有不少原因，不能一概而論，其中一個主要原因是生意不好。在 1960 至 1970 年代，許多當舖就因為經營困難而結業。當時的市民生活條件差，經濟環境又不景氣，有很多人因經濟問題或周轉不靈而求助於當舖。雖然典當的人多，但斷當的物品也多。在貧困的年代，許多人根本沒能力贖回典當的物品，而有錢買流當品的人也很少，令當舖積壓了大量流當品。久而久之，當舖的流動資金變少，出現資金不足的情況，即使生意暢旺，但仍要走上結業之途。

　　時至今日，當舖結業仍有不同的原因，除了經營有困難外，較普遍的是受地區重建項目所影響。許多當舖仍在舊區經營業務，遇到政府收地或樓宇重建，就要想辦法繼續營業。若有當舖能覓得新舖，則可以繼續在區內營業，否則就可能要關門大吉。因為當舖做街坊生意，要靠口碑，要是搬到另一個區，萬事都要重新開始，殊不簡單。

　　至於結業的舊建築物，較為幸運的能部分保留或全幢活化，保存到當舖的外貌；但較不幸的則整幢建築物被徹底清拆，當舖只能成為歷史陳蹟。

　　當舖結業，與一般店舖結業稍有不同。一般店舖在沒有欠債（包括對供應商和顧客）的情況下，隨時可以停止業務。不過，當舖很難立刻停止業務，最少要有四個月的時間作通知期。當中的原因，是當舖需要配合物品的典當期限，典當者在典當期四個月內，是可以取回抵押品的；要是少於四個月的通知期，典當者便不能在法例期限內取回物品。

● 有當舖合併，需要在兩個店名中，保留一個，所以會出現兩個當舖名字重疊出現的情況。

● 有當舖退出市場，亦有當舖新開業，令香港當舖的數目，一直維持在 180 多間。這間於 2023 年 5 月才開張的當舖，成為香港當舖的新成員。

● 新當舖入主舊當舖初期，為了讓顧客知道當舖改了名，於是出現了新舊當舖兩個名字一同出現的現象。

如果因某些理由而令當舖未能提供四個月的通知期，當舖一般會在原址位置張貼通知，以通知典當者聯絡另一間當舖贖回物件，或重新訂立典當票據。這兩間當舖之間不一定有業務關係，也不一定是附近的同行，最重要的是提供聯絡方法以取回典當物。當然，即使有滿四個月的通知期，結業的當舖也會在原址貼上搬遷啟示，以便熟客可以找到新舖位。

　　其實，每個行業在不同時期都會面對各種困難，當舖亦要接受挑戰，甚至需要轉型以配合時代所需。戰後，香港經濟不景氣，百業待興，當舖對任何物品幾乎是來者不拒。隨著市民的生活環境轉佳，當舖已不接受廉價物品。時至今日，當舖既要接受高科技的電子產品，亦要處理來自內地人及外傭的抵押借貸。這些轉變，都是要迎合「適者生存」的法則，否則，也難逃結業的命運。至於因市區重建而導致當舖結業的問題，是當舖要面對的最嚴峻的考驗了。

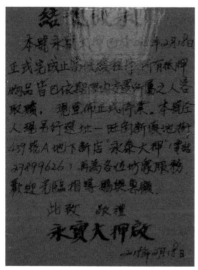

● 當舖結業的資料一定要清楚，以便當押人可以贖回自己的物品。

● 如果指示不清，顧客就不知道在哪裡贖回物品了。

● 為了確保有清楚的指示，除了文字說明外，還會加上地圖。

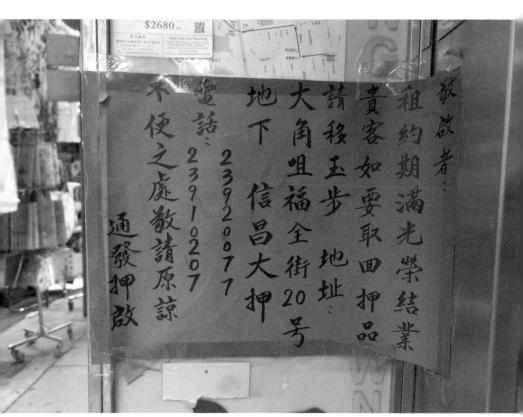

敬啟者：

租約期滿光榮結業

貴客如要取回押品

請移玉步地址：

大角咀福全街20号

地下信昌大押

電話：23920077

23910207

不便之處敬請原諒

通發押啟

● 通告內容簡單清楚，能讓顧客取回當押品就可以了。

結 業 通 告

致親愛的顧客:

　　本押店決定2022年11月30日結業，從現在開始**止押候贖**，我們只接受贖回貨物，典當服務停止，任何不便敬請原諒。

Notice of Business Closure

Dear Valued Customers,

The pawnshop has decided to close on 30th November, 2022. From now on, we will only accept the redemption of goods, and the pawn service will be stopped. We apologize for any incovenience.

正 豐 大 押示
CHING FUNG PAWN SHOP
2022年8月1日
1st August 2022

● 為了方便外籍家庭傭工或其他非華語人士，
通告也要中英文對照。

當舖要
經營有道

以前，市民有經濟困難，可拿著抵押品到
當舖，而沒有抵押品的，只能求助於親戚
朋友。現在的情況不同，有經濟困難的
人，就算沒有抵押品，也有很多借貸門
路：銀行、財務公司、信用卡中心⋯⋯ 從
事借貸生意的行業多了，對當舖來說，這
些都是很大的競爭對手。

當舖，不是一般的商店，很少用賣廣告的
方式來招攬生意。因此，當舖要在競爭者
之中，找到適合自己的生存空間。

　　當舖接受各類型的物品，以幫助有經濟困難的市民度過難關。不過，抵押品的種類越多，當舖的經營成本便越高，部分當舖寧願選擇性收取當押品。現在，當舖已不會收取雜項類物品作抵押，而一些新興的電子產品則成為當舖的新寵，最常見的當然是手提電腦和手提電話。

　　非洲裔 Hip-hop 歌手 YG 創作了一首歌曲，名為 *Meet the Flockers*（《遇見劫匪》）。根據傳媒的報道，這首歌的歌詞被喻為是煽動其他人搶劫華人，部分歌詞的意思是：

本店高價典當
手提電話,手提
電腦數碼相機
歡迎問價查詢!

We accept pawning of mobile phones, digital cameras and notebooks. Inquiries of the price are welcome.

YUN FAT PAWN SHOP 潤發大押

● 手提電話已是現代最常見的典當物

　　「首先，你找到一個華麗的房子，找一個華人鄰居，因為他們不相信銀行；然後，你找到幾個幫手 —— 要有車接應，有人去按門鈴，還要有人膽大，不惜一切去搶 …… 停車、觀望、按響門鈴，確保沒有人在家。遊戲開始了 …… 不要拿大屏幕液晶電視和手提電腦，偷珠寶盒更為划算，因為拿到當舖當天就可變現金。」

　　歌詞引起大部分華人不滿，被認為是向華人挑釁。箇中的爭拗暫且不表，但在歌詞中提到可以將搶劫得來的珠寶，拿到當舖典當。無須多解釋也知道歌詞的內容有問題，更涉及不法的行為。

　　外國的當舖也會接受大屏幕液晶電視和手提電腦，只要將這類贓物拿到當舖，同樣可以變成現金。反而香港的當舖多數不會接受大屏幕液晶電視，而只有少數當舖會接受手提電腦。

SAMSUNG

型號	價格
i 8530	250
i 9505 - S4 Lte	200
N5100	450
N5120	300
N7100 Note II	250
N7105 - Lte	350
N7505	250
N8000 (10")	350
N9000	400
N9100 雙	900
N9005 - Note 3	350
N9150 - edge	500
N9200 - Note 5	1800 1400
G900F - S5	500
G900H - S5(3G)	
G9200 - S6 充新	1100
G9250 - S6 edge 充新	1400
G9287 S6 edge +	1700
G9300 S7	1600
G9350 S7 edge	2400
T311	250
T315	350
T320	250
T325	350
T520	450
T525	650
T700	550
T705	650
T805	1400
T800	1200
A3000	250
A5000	350
A7	
A7(700YD)	500
A7000	500
A7100	900
A8000	600
A9000	1000
P355	500
P535	600
P555	900
P5100	200
P5110	200
P5210	200
P5220	200
P605	550
P900	1000
P905	1100

SONY

型號	價格
C6802 - 6.4"	300
C6833	300
C6903 - Z1	200
D6633	400
D6653	350
E6553	350
E6683	1200
E6853	1100
E6883	1400

LG

型號	價格
V10	800
V20-H990N	1500
G3-D855	300
G3-DUAI-LTE	300
G4	400
G4-H815T	500
G4-H818N	500
G4-H635A	200
G5-H860N	1300

i Pad - 3

型號	價格
16GB 新	500
32GB 新	600
64GB 新	700
3G - 16GB 新	700
3G - 32GB 新	800
3G - 64GB 新	900

i Pad - 4

型號	價格
16GB 新	800
32GB 新	900
64GB 新	1000
128GB 新	1100
4G - 16GB 新	900
4G - 32GB 新	1000
4G - 64GB 新	1100
4G - 128GB 新	1300

i Pad - Air

型號	價格
16GB	1200
32GB	1500
64GB	1700
128GB	1800
4G-16GB	1400
4G-32GB	1600
4G-64GB	1800
4G-128GB	1900

i Pad - Air 2

型號	價格
16GB	1400
32GB	1600
64GB	1800
128GB	2000
4G-16GB	1700
4G-32GB	1900
4G-64GB	2100
4G-128GB	2300

i Pad - Mini

型號	價格
16GB 新	500
32GB 新	600
64GB 新	800
4G - 16GB 新	600
4G - 32GB 新	800
4G - 64GB 新	1000

i Pad - Mini 2

型號	價格
16GB 新	700
32GB 新	900
64GB 新	1000
128GB 新	1100
4G - 16GB 新	900
4G - 32GB 新	1100
4G - 64GB 新	1300
4G - 128GB 新	1400

ZP行貨 - LL美版 - G日本版
LA新加坡版 - CH中國版

型號	價格
iPhone 5　新	40
iPhone 5C　新	40
iPhone 5S　新	60

iPhone 6 - (4.7")

水貨至少扣 $500

型號	價格
6 新 16GB 金	130
6 新 16GB 銀	125
6 新 16GB 黑	120
6 新 64GB 金	170
6 新 64GB 銀	165
6 新 64GB 黑	160
6 新 128GB 金	180
6 新 128GB 銀	175
6 新 128GB 黑	170

iPhone 6 - (5.5")

水貨至少扣 $500

型號	價格
6 新 16GB 金	170
6 新 16GB 銀	165
6 新 16GB 黑	160
6 新 64GB 金	2400
6 新 64GB 銀	235
6 新 64GB 黑	230
6 新 128GB 金	250
6 新 128GB 銀	245
6 新 128GB 黑	240

iPhone 6S - (4.7")

水貨至少扣 $500

型號	價格
6-S 新 16GB 粉	170
6-S 新 16GB 金	1700
6-S 新 16GB 銀	160
6-S 新 16GB 灰	1600
6-S 新 64GB 粉	250
6-S 新 64GB 金	2500
6-S 新 64GB 銀	2400
6-S 新 64GB 灰	2400
6-S 新 128GB 粉	2600
6-S 新 128GB 金	2600
6-S 新 128GB 銀	2500
6-S 新 128GB 灰	2500

iPhone 6S - (5.5")

水貨至少扣 $500

型號	價格
6-S 新 16GB 粉	2200
6-S 新 16GB 金	2200
6-S 新 16GB 銀	2100
6-S 新 16GB 灰	2100
6-S 新 64GB 粉	3000
6-S 新 64GB 金	3000
6-S 新 64GB 銀	2900
6-S 新 64GB 灰	2900
6-S 新 128GB 粉	3100
6-S 新 128GB 金	3100
6-S 新 128GB 銀	3000
6-S 新 128GB 灰	3000

iPhone 7 - (4.7")

型號	價格
	3700
i7-32	4400
i7-128	4600
i7-256	

iPhone 7 - (5.5")

型號	價格
	4400
i7-32	5200
i7-128	5400
i7-256	

● 有當舖貼上電子產品的當押
　價格，一目了然。

2nd hand for sale
Laptop,Mobile
Handset,Camera are
available for sale,
pls go inside of
pawnshop for more
information.

To accept installment

● 成為流當品的手提電話和相機
也會在當舖內發售

以往的確有不少人將偷來的物品拿到當舖進行典當；不過，現在典當賊贓的罪案已大幅減少，賊人也不會明目張膽地到當舖進行賊贓交易。

當舖提供的是有抵押物的借貸服務，當中的抵押期是四個月。在一般的情況下，當舖可賺取四個月的利息。不過，因抵押物價值可能有變動，所以這四個月期限是存在風險的，當舖因而喜歡接受價格穩定的物品。

當舖的生意主要是金器，而金價的升跌對當舖的生意是有很大影響的。舉例來說，如果金價下挫，典當者在四個月前所抵押的金器，可能得到的抵押借貸，已經可以買到同等重量的金器，這樣的話，典當者又怎會到當舖贖回金器？因此，在金價下跌的時期，當舖的利潤必定受到影響。除非所抵押的金器有紀念意義，否則，典當者多數不會贖回抵押的金器。

除了金器，電子產品如手提電話等，都是當舖常見的典當物。有當舖老闆對這類電子產品是有保留的。就算是經營手提電話業務的人，也難以在短時間內，鑑定手提電話的耗損程度，「二叔公」只能以手提電話的型號來判斷其價值。然而，手提電話日新月異，在四個月的典當期內，隨時會因有新型號的電話推出市面，而令作為抵押品的手提電話價格大打折扣，當舖便有機會蝕大本了。所以有些當舖決定不再收取電子產品，以免因電子產品的價格跌得快、壽命短，而要冒上太大的風險。

當舖是典當的地方，不是出售貨物的店舖，所以當舖要處理流當物，就要再想辦法了。在大部分人的心中，當舖只是典當、借錢的地方，不是消費的店舖，所以，沒有人會到當舖購物的。

典當人當了物品，若如期贖回，當舖就能賺取利息，有利可圖了。不過，當典當人在典當後四個月仍未贖回物品，物品就歸當舖擁有。當舖只能轉售典當物才可取回典當本金和利息，如果出售的價錢理想，當舖還可以賺到額外利潤。

當舖積壓流當物，只會增加經營成本，亦令可流動的資金減少，因此，即使不是為了要賺錢，當舖也要將流當品「脫手」。為了有效處理流當物，許多當舖會兼營出售流當物。一般來說，出售流當物的店舖，多數與當舖為鄰。在業務上，這間店舖與當舖不同，就算是同一個老闆，店舖的名字也不一定相同。雖然兩間店舖名稱不同，但從相似的店名、裝潢設計，就知道兩者是有關係的，更明顯的是兩舖共用一個單位，在店舖的當眼處，更會標明有大量的當舖抵押品出售。不用解釋也可猜到兩者之間有著很密切的關係。

有當舖負責人表示，除非遇到經濟不景的非常時期，否則只有約 10% 的典當物會成為流當物。由於流當物不算多，有小部分當舖會在店內出售流當物，就是將物件（主要是較細件的金飾、玉器或手錶等）放在高枱上，或掛在牆上的飾物櫃內，讓顧客挑選。這些當舖自行處理流當品，大概是要處理的流當品不多，亦沒有複雜的種類，放在櫃枱上出售就算了。

不過，並非每一間當舖都會在店內出售流當物，即使有流當物出售，也不一定會清楚地貼出告示。有些當舖則在門外的燈箱上，清楚寫著「本店出售典當物」的字樣，但不會太顯眼。所以，除非你對所有當舖的運作都瞭如

● 出售流當品是當舖的收入來源之一

● 金器飾物掛在當舖內，讓有興趣的人士可到當舖內選購。

● 出售流當品並不是當舖的主要業務

● 有些當舖會在店內出售小量的流當品，並會掛在當眼處。

指掌，否則要找到有流當品出售的當舖，並非容易的事。

這些流當物經過「二叔公」的驗證，應該是貨真價實，加上是「二手貨」，售價又會較為便宜，所以有不少人會到這些店舖選購流當物。有一次，我在當舖典當物品時，就見過有顧客專程到當舖買流當品，對方對著一盤又一盤的首飾左挑右選，還要跟「二叔公」講價。從他們的對答，估計買家是在這間當舖買流當品的熟客。當舖也特意安排一位職員為她服務，情況就像有顧客進入珠寶店一樣，場面相當有趣。那位顧客左挑右選，又要多番還價，最終雙方是否達成交易，我便不得而知了。

當舖不是出售商品的店舖，物品種類亦較少，能否在當舖找到合適、心儀，而價錢又相宜的物品，就要碰碰運氣了。

聲明

交來鑑別或押賣古董
字畫、陶瓷、玉、石
如有失手或意外損破
本公司概不負責倍償

● 只有少數當舖願意收購藝術
品，或以藝術品作為抵押品。

典當物品有很多不同的種類，上自萬元計的珍品，下至只有幾百元的物件，不論昂貴便宜皆有。無論價值如何，只要當舖接受，就可以達成交易。

不過，基於法例所限，典當以 10 萬元為上限，而在不成文的規定下，下限不少於 100 元，以方便計算利息。少於 100 元價值的，雖然沒有規定，但當舖多數不會接受，以免難以計算利息。

以前，香港社會物資匱乏，稍有價值的物品，都有市民用來典當，例如收音機、電視機等家庭電器；至於手錶、金飾等貴價物品，自然可以押得更高的價錢；就算是棉被、大衣、西裝等日常家居用品，當舖也會接納。對一般家庭來說，這些物品已經是家中最貴重的資產了。到了現在，除了一般有價值的物品，如名錶、首飾、鑽石等，科技產品也是常見的典當物品，如手提電話、手提電腦等。

拍攝於 1977 年的劇集《獅子山下》，有一集名為《押》，便以當舖為主題。劇情講述一個教書的老先生因生活所迫，只好典當家中的古董。可是，

「二叔公」不接受古董，結果在當舖意外摔破了古董。我看了《押》後，覺得劇中帶出了一個有趣的信息：當舖會接受任何有價值的物品，那麼古董又會否接受呢？

「二叔公」是「格價專家」，任何物品在他們手中，不僅能判斷真偽，還可以為物品估值，不過，字畫、古董並非常見的當押品，而「二叔公」亦甚少處理這類交易，要準確判斷一件古董的確不容易。就算知道古董是珍品，有一定的價值，但當舖要保管一件書畫、古董，也有一定難度，稍一不慎，這類物品隨時都會受到破壞。當舖為了不想承擔保管書畫、古董的風險，寧願少做一筆生意，當中亦有其道理。

還有一個令當舖不會接受古董的原因，就是古董的價值太高，隨時高過當押規定的 10 萬元上限。這條「死線」給當押人或當舖帶來諸多不便，要達成交易便更難了。

當然，並非所有當舖都不接受古董，有當舖會貼上標示，為書畫、古董等估價，也會為這類物品進行交易。不過，所謂的交易不一定是為物件進行當押。有接受古董的「二叔公」明確表示：這類物品不會接受當押，但有需要的話，當舖會買斷（即收購）該書畫、古董。這種買賣式交易可以為有經濟困難的人度過難關，但並不是當押的原意。如果當押人不可以贖回當押品，要「強迫」當押人割愛出售，這種交易根本不是當押行為。這種方式當然超越了當舖的業務範圍，但只要雙方同意，當舖就會充當中介進行交易。

有一次，我跟朋友去當舖，打算典當一隻玉鐲。玉鐲是「A 玉」兼有認證證書，但有言「黃金有價而玉無價」，「二叔公」似乎不想接受這隻玉鐲，最後決定不為玉鐲估價，當然也未能達成交易。從這次典當經驗可知，即使是真貨，但若屬於難以判斷價值的工藝品，當舖寧願少做一筆生意，也不會為交易冒風險。

　　當舖具有齊全的防盜設施，因此鮮有聽聞賊人對當舖下手的新聞。不過，當舖的交易涉及現金、金飾等，店內又存放了大量貴重物品，難免會成為不法分子的目標。雖然要打劫當舖並非容易的事，但當舖亦是有可能被爆竊的。例如在 1980 年 3 月 23 日，有兩個男子拿著疑似土製炸彈的物品進入深水埗的恒貞大押行劫，事敗後留下可疑物品逃走，無影無蹤；1981 年 7 月 31 日，尖沙咀恒昌大押遭到爆竊，該當舖共損失的押物，價值達 300 萬元之多。

　　除了打劫當舖，亦有騙徒向當舖行騙。當舖能否擊退騙徒，並不是靠「二叔公」的力量或防盜的科技設施，而是要靠「二叔公」的經驗。所以，有經驗豐富的「二叔公」為當舖把關，就能好好保護當舖。

　　近年，有一種對當舖行騙的案件，就是假金。所謂假金，就是指成色不足的偽金屬，這種假金靠高科技製造而成，因此又稱為科技金。有傳媒報道，這種假金是以高科技製造，用以冒充 999.9 金的假金飾，其成色只有五至九成，有騙徒將這些假金拿到金舖變賣或到當舖典當，不少珠寶金行的老行尊和當舖的「二叔公」也中招，因此要蒙受損失。

　　雖然當舖內會有試金石可判別金的真偽，但科技金的表面是真金，試金石已發揮不到測試的作用，就算再謹慎的人，也會被假金所騙了。正因如此，有時當舖不想冒風險，寧願不接受有問題的金飾。我也曾有類似的經驗：有「二叔公」認為我的金飾有問題，作簡單的目測後，輕輕吐上一句：「假的」，就打發我走了。

　　正所謂「騙徒手法層出不窮」，除了用假金外，還有各種對當舖的行騙手法。早在 1959 年的報紙，就報道過一種「扮熟客」的騙術，內容是這樣的：

● 深水埗恒貞大押曾有人拿著土製炸彈行劫

● 深水埗的恒貞大押曾活化成食肆

● 恒貞大押再次易手，變成了茶餐廳。

有一音樂玩家打扮之顧客，攜一電「結他」要當六百元，朝奉受之，後經專家研究，認定此「結他」值千二元，確屬好貨。約一月光景，客贖之而去。不久，該客攜另一電「結他」至，要求當三百元，朝奉亦受之。凡多次，朝奉見怪，再將電「結他」交專家鑑定，發現此貨非昔比，電流器已壞，每個五十元亦不值。該顧客已不再來，舖方因此而吐了水。從此，當舖商在某時期內如發現某貨多來，便即提防。即使如此小心，做生意是細水長流的，稍一疏忽，仍不免於「甩眼鏡」。（〈第七十三行人馬鬥當舖〉，《大公報》，1959 年 9 月 6 日）

當舖只要加強防盜設施，賊人就難以有機可乘，但行騙手法眾多，當舖卻是防不勝防。有當舖負責人表示，有時會透過「二叔公」與典當人的對話，來進行另類的「心理判斷」。「二叔公」會跟前來典當的人講當押品，亦會東拉西扯、談天說地，看看對方的答話是否支吾其詞，還是迴避不答。如果典當者的行為、神情、對答有異，「二叔公」便寧願不接受這筆交易，以免招致損失或惹上官非。

有一次，我在當舖典當金飾，遇上一個很健談的「二叔公」，他一邊檢驗金飾，一邊問東問西，由天氣到金飾，由價錢到金價升跌，提了多個問題。初時，我以為是這位「二叔公」喜歡與顧客交談而已，殊不知，當我後來要贖回金飾時，他卻沒有問過一句，甚至可以說連一個字也不想多吐。在典當物件與贖回抵押品之間，竟然有這麼大的分別，大概這位「二叔公」就是以談話來判斷典當者是否有行騙的意圖。所以，當遇上健談的「二叔公」時，典當者不要覺得奇怪，也不用感到尷尬，否則可能引起「二叔公」的疑心，要「好人當賊扮」了。

● 由警方當舖組發給當舖的文件，規定所有涉
及當舖的案件要有專責的警方人員負責。

● 1966 年由警察司發給當舖的文件

● 為了吸引外籍家庭傭工光顧當舖，有當舖張貼她們常用的文字資料。

　　生意難做，許多老闆都會花點心思，各出奇謀以增加生意額，當舖也不例外。作為一間財務借貸並靠收取利息維生的店舖，而又以現金即時交易的場所，靈活度看似較低，一般人亦不容易察覺到當舖招攬生意的方法。

　　儘管法例有列明當舖可收取的利率，但當舖仍可以下調利息來吸引顧客。然而，為免造成惡性競爭，利息下調的空間是有限的，通常下調的息率是每月 0.5%。除了下調利息外，當舖還可以怎樣吸引顧客呢？

　　有當舖為了吸引外籍傭工光顧，凡在假日進行當押交易的，都可獲贈小吃。這些小禮物是否能增加生意額，我不得而知，但總算是一個噱頭。這間當舖的老闆曾在報紙專欄中表示：

　　　　他們（外傭）相對重視自己帶來的金飾，因為他們收入低微，也許能買的就是一、兩件金器，所以他們大多會贖回，根據我們的統計，他們的斷當率只有 5%，遠低於平均一成的水平，平均每次交易的金額

● 為了吸引外籍家庭傭工，有當舖於星期六、日和公眾假期播放她們愛看的綜藝節目。

大概在 1,000 元以內。（〈二叔公啟事錄 —— 當舖與外傭〉，《頭條日報》，2017 年 4 月 10 日）

當舖經營困難，需要尋找新的客源，所以，有當舖索性把客源面向外籍家庭傭工，吸引她們前來光顧。

究竟當舖有多少生意額是來自外籍家庭傭工呢？這是很計算的。畢竟，這要視乎當舖所在的位置，附近一帶的住宅住了多少外籍家庭傭工，所以，每間當舖的情況都是不一樣。那麼，又有當舖真的依賴外籍家庭傭工而生存呢？答案是：肯定是有的。

● 有些當舖的客源主要是外籍家庭傭工，所以這類當舖跟傳統當舖有很大分別。

在中環一帶，每逢假日和節日公眾假期，都有許多外籍家庭傭工聚集，有不少於一間當舖的客源是面向外籍家庭傭工的，當中，更有當舖只是為外籍家庭傭工提供服務，以我目測所知，肯定超過泰半的當押人是來自外籍家庭傭工。

這類當舖的外觀跟傳統當舖不同：當中沒有高櫃枱，沒有遮醜板，更沒有代表當舖的「福鼠吊金錢」的標誌；甚至乎，更有當舖的名稱只有英文名，連中文名稱也欠奉。驟眼看來，當舖跟找換店的外觀一樣，不容易被人所察覺到。

至於當舖內的員工多數是外籍人士，以方便用菲律賓話或印度話跟顧客溝通。當然，我沒有當舖的營業數據，但不難猜到：外籍家庭傭工佔有一定的當押市場，僅是做外籍家庭傭工的當舖，生意額已足夠營運當舖了。

由此可知，外籍家庭傭工是這個時代最主要的當舖借押人士，稱得上是當舖的新客源。

事實上，以我的觀察所得，當舖於假日會有專人為外傭提供服務，相信是有相當人次的外傭光顧，宣傳策略似乎收到一些成效。這種送禮形式，並非是個別當舖的獨有做法，只是有些當舖的做法較低調，不會強調「有禮送」，送禮物的事就更加鮮為人知。

有一次，我在九龍某當舖典當物品，就有意外收穫。當時，「二叔公」正為我帶來的物件進行估價，另一店員在櫃枱上為我遞上一支樽裝水，突如其來的小禮物，使我來不及反應，我只說：「不必了。」這種送水的做法，在灣仔區也很常見，不過，僅有少數會主動送上樽裝水，一般的做法是在門口的角落放了幾箱水，任當押者自行拿取。

除了送樽裝水外，我曾經見過有當舖在遮醜板附近放了一部蒸餾水機，為光顧的客人提供飲料，我覺得已經是很貼心的安排。然而，這間當舖竟然

● 有當舖趁著周年慶祝為典當者送上紅包

給我遞上一支樽裝水，坦白說，令我感覺很好。我在想：一支樽裝水不過是幾塊錢，但在炎熱的天氣之下，這支樽裝水就能為顧客降降溫、潤潤喉，是不錯的小禮物。

　　雖然我沒有接受這支樽裝水，但心中已為這間當舖增加印象分。原以為當舖的送禮環節已經結束，豈料還有送禮第二波，送禮一浪接一浪，令我應接不暇。在當押程序完成後，「二叔公」隨押金和當票送上一個紅包，說了一句：「利利是是。」送紅包，能取好意頭，對面對財政困難的人來說，「利利是是」的象徵意義更大。

　　紅包內的金額不大，只是一張細面額的 10 元錢幣，但典當者收到紅包，肯定是樂於接受。我不肯定紅包內的錢是否與典當的金額有關，可能紅

包內的金額會隨著典當金額而提高，但典當者每次典當都收到紅包，感覺一定不錯。再者，從另一個角度來說，這種送紅包的做法，其實就是變相的減息了。舉例來說，若典當 1,000 元，月息是 35 元，扣除紅包的 10 元，利息則會降至 25 元，即該次的典當交易只收取 2.5% 月息。這種直接送禮，甚至是送錢的方式，實在少見。

　　典當本來不是為了一樽水或一個紅包，但當舖之間競爭激烈，送小禮物可能是爭取客源的其中一個好方法。或許，將來在典當時，典當者能收到更多不同類型的小禮物，當舖藉此來吸引客源。

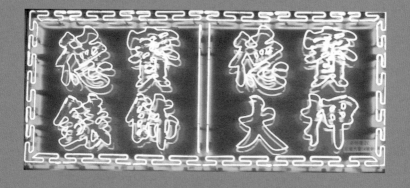

現 ——— ——— 代

———

傳統手法需
要與時並進

變 ——————— 遷

當舖需要現代化

當舖的經營方式是收取有價值的抵押品，以便借錢給有需要的人。這個過程看似很簡單，但也要與時並進，否則也會被淘汰。舉例來說，以前用來抵押的物品，多數是衣服、日用品之類；現在則是手提電話、相機等電子產品。

為了適應時代的變化，當舖要經營有道，才能在 21 世紀生存下去。

舊社會有一個行業叫故衣業。所謂故衣，就是舊衣，用現在的說法，就是二手店或夜冷店。現在已沒有故衣這個稱呼，大概是「故衣」二字不夠典雅。隨著社會越來越富裕，買故衣的人已不多。在一些舊區，還會見到有老人家撿到些舊物，在街邊或公園擺賣。這種地攤式的小販檔或「天光墟」，也可算是經營故衣。

舊時一般市民生活困苦，未必有經濟能力購買新衣物，所以故衣業有很大的市場。由於故衣的需求大，經營故衣業的老闆，就要找合作夥伴。擁有大量故衣待售的，非當舖莫屬了。當舖收取大量衣服、物件作為抵押品，如典當者按期贖回抵押品，當舖就不會積壓衣服、物品。然而，抵押品變成流當品的話，當舖就要想辦法將衣服、物品出售。因此，當舖定期將大批衣服、物品以故衣的名目，轉售給故衣店，令當舖與故衣業兩個原來互不相關的行業，變成了合作經營夥伴。後來，為了賺取更大的利潤，有當舖老闆兼營故衣業，亦有故衣業經營者染指當舖行業。在 1960 至 1970 年代，這種合作或跨業務的經營方法是頗為常見的。

以下有一則關於故衣業的報道，刊於 1969 年的《工商晚報》，內容清楚闡述了故衣業的情況，以及與當舖的關係：

> 故衣業跟押當一脈相承，識貨的人，會在故衣舖買到便宜東西，否則，難免上當 ……
>
> 故衣業這一行，就是出售二手貨的行業。但故衣店並不單純出售衣著，實際上，故衣舖所經售的除了衣著之外，其他如相機、手錶、皮鞋、收音機、打字機、戒指、眼鏡、鋼筆等均有出售。

都是二手貨，當然價格方面都比新貨平宜。一般來講，決定於它們的來價，通常有一個客觀的標準，即從七折至五折。不過「衣衫」由於新舊程度不一，價格相差的幅度較大。而且以現社會衣飾過份講究和變款迅速，所以一般來價都壓得很低。

　　很多外行人都不知道，故衣舖的一切貨品究竟從何處而來？筆者從多方面獲悉：原來故衣業和當舖兩者息息相關，不可分割的。當舖顧客押品到期無力贖回，或者將貨品「當盡」，那時當舖便有貨品了，他們就會將它轉售與故衣舖，從中獲取利潤。那些由當舖裡拍賣回來的貨物便稱為「原當貨」。

　　因為故衣舖的來貨幾乎全仰賴於當舖，所以有些故衣舖，為了不使當舖從中賺去「利潤」，亦兼營當舖。但近來有些故衣舖，自己備有製衣工場，縫製一些衣服應市。這種產品，大多質地差，手工劣，粗製濫造，來冒充「原當貨」，外行的顧客，不察真偽，往往會上大當。

　　故衣舖中貨物的價格，都附於貨品中。例如天、地等字，代表著百元或十元。因此，要是達到熟人去買東西時，他們會把進貨簿翻給你看，說來價是多少，不能再減了。而紙箋上那些字樣，你看過進貨簿後，就知道它們是代表些什麼了。

　　到故衣舖買東西，如果眼光精到識貨的人，會買到價廉物美的東西。否則，一個不懂得鑑斷貨品，就會上當而不自知了。因為那裡大都「漫天討價，落地還錢」。

　　香港的故衣舖，都集中在大道西一帶，自高陞戲院向西行，整條街幾乎都是操這一行。其次在灣仔也有零零星星分散在橫街窄巷。九龍方面則多集中在旺角山東街和深水埗碼頭附近。青山道接近新舞台也有幾間。

● 現在，西環仍有一幢建築物留有
「合德故衣行」的舊招牌。

　　近來，在彌敦道及九龍城等處，出現了一種現象，就是在一些將要
拆去的舊樓宇或空置的建築地盤，竟然紛紛出現了頗多專出售殘舊的物
件店舖，包括舊傢俬、收音機、打字機等。似乎不像故衣舖，其實都是
從故衣業拓展而來的。(〈香港的故衣業〉，《工商晚報》，1969 年 1 月
9 日)

　　那個年代，人們生活條件不富裕，有經濟困難的人，沒有金飾名錶作典
當物，只有用大衣和棉被。而這些大衣、棉被等物，統稱為故衣。故衣的買
賣，為有需要的人提供了方便。這段報道清楚說明了 1960 年代末，當舖和
故衣舖的關係，以及故衣舖的經營情況，如實地反映了當時的社會面貌。

以前,香港市民的生活條件較差,於是產生了故衣這個行業。當時當舖與故衣業合作無間,成為生意上的夥伴。然而,隨著當舖不接受故衣、雜物後,當舖已無須再清理故衣,而故衣業亦步向衰微。

另外,隨著香港日漸富裕,香港的二手衣物亦難有內銷市場,所以除了少數地方還有夜冷舖或二手店外,似乎與故衣有關的行業都已經消失。香港的二手衣物多數轉向較窮的地方出售,故衣業不得不走向其他國家或地區。

雖然當舖所接受的典當物種類不多,但仍要想辦法出售流當物,否則對當舖的運作仍會帶來困擾。對於這個問題,有當舖老闆直截了當地表示:「不用擔心。」原因是斷當的物品向來不多,一般維持在 10% 左右,而外傭斷當物品亦只有約 5%。因此,當舖要處理的流當品數量有限。

更重要的是,各類物品都有二手市場,不少從事相關業務的人會定期主動聯絡當舖,以達成流當物的買賣交易。舉例來說,有從事金飾買賣的人,按時聯絡當舖,希望可以買到一些有市場價值的金飾;有做手提電話買賣的人,主動到當舖尋找商機,看看有沒有仍有市場價值的二手平價電話。至於鑽石、名錶等貴重物品,自然有大批從事相關業務的人員,經常到當舖入貨。換言之,當舖的流當物是不愁出路的,只要有貨在手,就很容易找到買家。有「二叔公」也不諱言地說,當舖是不用擔心在店內會積存大量流當物的。

而且的確,現在當舖所接受的,都是有價值的物品,與舊社會的故衣、雜物類很不同。當然,若當舖老闆認為二手市場有利可圖,也會自行經營流當物的生意,正所謂「肥水不流外人田」。只是有當舖老闆不想處理多一盤生意,亦想加快資金的回流,所以他們也不貪圖多一點的利潤,而將流當物

賣給做二手貨生意的人了。

　　當舖是不會將所有流當物都賣走的。例如，一些有紀念價值的典當物，當舖老闆寧願留在舖內作紀念；亦有「二叔公」認為，對於一些甚有價值的物件，典當者終有一天會贖回物件的，不管貨物已抵押了一年甚至兩年。總之，典當物會一直留在夾萬內，等待主人的出現。這種情況，我估計對資金雄厚的當舖來說，不會構成經濟壓力；只是小本經營的當舖，未必能有這樣的「人情味」，只能將其出售了。

　　有一位「二叔公」表示曾收過一件抵押品是國際比賽的金牌，那位金牌得主把獎牌變賣後，表示不會前來贖回，需要斷當。「二叔公」接受了交易，經過十多年，獎牌仍然放在當舖的夾萬內，成為當舖的「紀念品」。

● 有當舖清楚列明流當品的資料，方便顧客選購。

● 亦有當舖在店內放置流當品，歡迎有興趣人士入內選購。

當舖是舊式行業，歷史悠久，加上從事典當行業的以年長的人較多，因此這個行業予人的感覺，還是帶點傳統色彩。舉例來說，當舖需要處理很多資料，幾乎都是由人手處理，很傳統。其中一項就是手寫記錄。

以前當舖記錄資料是用毛筆書寫，當票用毛筆、小包用毛筆、記錄用的大簿也是用毛筆，只要你到當舖博物館看一看有關的舊物件就會知道。

用毛筆記錄的做法是很有傳統特色的，但容易引起不便。如果有典當的人遺失了當票，又忘記了典當的準確日期，當舖就要從記錄的大簿中，從頭到尾翻一次資料，才有機會找到相關資料。我曾經在一間還未電腦化的當舖報失當票，當舖就用了三名當舖員工，花了近五分鐘，才能找到我的典當記錄。幸好，我依稀記得典當的日子，否則員工可能花上半小時，也未必能找到我的典當記錄。

我在一間仍是全人手處理的當舖進行資料搜集時，「二叔公」對我說：「如果遺失了當票，而又不記得日期的話，我會請對方留下個人資料，然後一小時後才來當舖處理典當物，好讓我找出當押的記錄。」要一小時才能找到資料，或許是有誇張成分，但無可否認，要在一大疊的人手記錄中找出一項典當資料，是有一定的難度的。

當舖的記錄必須清清楚楚，不僅是要方便搜尋，最重要的是，當押涉及金錢交易，記錄就不能馬虎了。一來要確保每筆交易都要有根有據，二來亦要方便警方追查可疑的典當物，所以，寫當票就有底單記錄，一張正本，一張副本 —— 當舖保存一張，典當人手持一張。既然要用有底單的當票，用毛筆就不能做到一式兩份的效果，於是，不少當舖改用了原子筆。我曾見過一位前輩級的「二叔公」，在寫當舖的記錄冊時，還會用毛筆。我問他：

● 舊式當舖的當舖用字是用毛筆書寫的

● 在未電腦化之前，毛筆是當舖常用的書寫工具。

● 廣州的東平大押展示了當舖當押的規矩

「怎麼還用毛筆呢？」他笑著說：「入行時已寫毛筆，習慣了。」

現在，不少當舖的老前輩還懂得用毛筆，而且字寫得很秀麗，但毛筆已不用多時，文房四寶早就放在抽屜裡封存了。至於新入行的「二叔公」，既不懂寫毛筆字，字體也不及前輩般美觀。這是由於寫書法已不是入行的要求，字體自然是有很大差別。換言之，要分辨「二叔公」是否為老前輩，除了可從年齡上作判斷，看看他寫在當票上的字也是好方法。

隨著時代的轉變，任何手寫的形式都顯得落伍了。現在已有當舖採用列印當票的方式，打印機已取代了手寫字。「二叔公」將資料輸入電腦，透過電腦就可以找到所有交易記錄，既清楚又方便。有一次，我拿著一件小金飾到當舖問價時，有另一位當押者在當舖查詢他還有多少典當品，是否已全部贖回。「二叔公」在鍵盤上按了幾個鍵，只需要幾秒鐘，就能找到答案。

現在的當舖還可以看到用原子筆手寫的當票，但已很難找到寫毛筆字體的「二叔公」了。我見過一些電腦化的當票，不僅沒有了書寫字體，就連望牌上的月份字，以及用來辨識用的當舖牛角章的印記，也一併沒有了。我估計在不久的將來，所有當票都是電腦列印，連原子筆字也沒有了。畢竟，電腦化是新時代所需，是當舖與時並進的表現。

 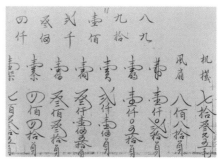

● 有「二叔公」仍保留了昔日學寫當舖字的練習簿

　　新式當舖棄用高櫃枱，以新形象示人，一改「二叔公」予人的高高在上的感覺，究竟能否達到平等交易的效果，還有待觀察。不過從外觀上來看，新式當舖跟傳統當舖是沒有什麼分別的，門外仍有一塊遮醜板，外人並不知道當舖內是高櫃枱還是矮櫃枱。除非是熟客，否則典當者根本不知道內裡的情況。

　　早於 1960 年代，其實已有從事當舖的人提出新式當舖的想法，當時亦有傳媒做過相關的報道：

　　　　香港當押業一向頗稱鼎盛，因升斗市民經濟無法周轉時，輒以衣物向當押店求押款，以濟燃眉之急，惟是此項舊式當押店經營方式頗嫌古老，未能適應城市居民需要，刻聞有等商人，最近擬籌設新式當押店，據悉此項新式當押店一切方式均取現代化，其經營方法略如銀行業務，至改革之點有如下列：

　　　　（一）將高高在上之當櫃取銷改用普通橫櫃，免使押物者再作「舉獅」之狀；

　　　　（二）將當押店內部設置改革，不再如前之僅有一條窄衖而改設為像樣之客廳，設有長梳化椅，使押物者可以坐候，押當或取贖不須再閃縮企立；

　　　　（三）將原日之當票形式改為一如銀行之支票，一票面列成表格，以備填註押物品類，押物件數押進日期，取贖期限物主地址等項，當票背面則以精緻電版印成押物分類利息比較表，使持票人一目了然易於計算。

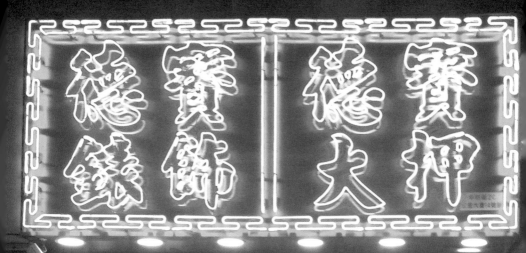

德寶錢飾 德寶大押

歡迎買賣、交換

高價收購各類名錶、鑽石、玉器、名牌手袋

● 新式當舖沒有高櫃枱的設計，
  有公平交易的意思。

查舊式當押店之寫票先生在當票上書寫之字體另成一種特殊形態，使人看來模糊不清同時填註押進物品又每欠明確，例如黃金稱為「爛銅」等，殊非合理，現在如真有新式當押店立即改進營業方式，預料當受一般市民歡迎云。（〈本港將出現新型當押店〉，《華僑日報》，1963年1月8日）

　　這間新式當舖究竟有沒有成功開業，我不得而知，傳媒亦沒有跟進報道，但從當舖的發展和演變來分析，新式當舖似乎是沒有下文，即使能夠開業，大概也不被市民所接受，或未能成為當舖潮流，無法將新當舖的概念加以推廣。

● 現在當舖所用的招牌都是小型的

　　現在，雖然已有當舖不用高櫃枱，但也沒有發展出在 1960 年代所說的新式當舖。這可能與典當行業比較傳統有關，不可能完全使用新的營運手法。不過，最近有接手家族生意的「當二代」，提出改革建議，如「設立『一對一高級典當會客室』，一改傳統當舖刻意營造距離感的風格。該一對一會客室位於中環，裝修佈置與一般寫字樓無異，專門服務大額典當客戶」。該改革使當舖走向高檔路線，與平常百姓的典當有所差別，但一點一滴的改革也可能為傳統行業帶來變化，我正期待這位「當二代」所推行的改革能收到預期的效果。

在商言商，商舖要有一定數量的客源，才能確保有穩定的收入。除了要做好商譽外，還要有一批固定的熟客。這是各行各業都要面對的問題，當舖自然也不例外。

當舖並非一般的商舖，要留住熟客，就好像要有一批經常要借貸度日的典當者，難免讓人有奇怪的感覺。我們不希望社會上有這類朝不保夕的窮人，又想讓香港市民都可滿足三餐一宿的基本需求，那麼究竟當舖有沒有熟客呢？據我的觀察，答案是：有的。

以前，當舖主要是做街坊生意，尤其是在換季時節，當舖成為了「臨時迷你倉」，為街坊提供放置暫時不用的物品，有所謂：「夏當冬贖、冬當夏贖。」這批顧客就是當舖的熟客了。

由於不少街坊視當舖為「倉庫」，放置暫時不用的物件，他們幾乎每年都會到當舖兩三次。雖然現在已沒有人會典當大衣、棉被，視當舖為「倉庫」的熟客街坊的確變少了，不過仍有一些基層市民為了生活，要經常依賴當舖。舉例來說，香港還有一些行業未必有固定糧期，如建築業等。當工人在原有糧期仍未收到薪金時，就可能要當舖幫忙，透過典當物件來度過難關。

另有一些人遇到周轉不靈的情況，他們亦只好典當有紀念價值的物品。由於他們不想賣斷物品，自然會在當期內贖回典當物。當舖能為這種短期應急提供方便。有時同一件有紀念價值的典當物，可能會進行多次抵押。

迷信的賭徒同樣喜愛出入當舖。他們認為，在賭錢前先到當舖進行交易，一來可以增加賭本，二來視作已「破財」，希望可以「擋災」，而這次擋災已經破了財，就可以「大殺三方」。這個做法並無依據，只是賭仔心態作祟而已。至於有賭徒在賭場敗北後，要到當舖借錢的，則是另一個問題了。

所謂熟客，也不可能有千百樣財物可典當，最常見的情況是：熟客只有一件典當物，押了贖回，贖了又再押，有借有贖而已。

　　我曾在當舖見過一個情況：有典當者到當舖求當手錶，「二叔公」開價 5,000 元時，察覺典當人沒有還價，但有怨言，「二叔公」再提高到 6,000 元。那個典當者就說：「一直是開價 6,000 元，不要壓價吧。」這筆典當交易於是以 6,000 元成交。雖然我不知道雙方的典當情況，為什麼經常以這隻手錶作抵押品，但這個典當者肯定是當舖的熟客。

　　熟客了解當押程序，不會要求借得多，只要求借得夠。由於要計算利息，所以借得越多，所繳付的利息也會越多。我在當舖曾遇到一個外籍傭工典當金飾，「二叔公」說可抵押 3,000 元，但她馬上表示：「2,200 元就夠了。」除非她不打算贖回物品，否則多出的 800 元借款，就要額外付出每個農曆月 28 元的利息了。

　　還有一類的情況比較特別，就是視當舖為短期的保險箱。例如有人要外遊，但又不想把金飾等貴重物品留在家裡，於是就拿到當舖典當。這樣外遊人士只需繳付每個農曆月 3.5% 的利息，就可得到妥善的保管，既安全又便宜，是很好的保管方式。

　　當舖雖然是借貸予人的地方，但不是高利貸，仍是講求取之有道。因此，當舖有好的商譽，才能擁有一批固定客源，讓某些人成為當舖的熟客。

與舊式的當舖比較，現在的當舖店面不算大，可以稱得上是小型當舖。舊式當舖是單幢式多層的建築，香港目前還有幾座這類建築物。至於澳門和廣州的舊當舖，比香港的還要大，常見的配有幾層高的碉樓。澳門和廣州的當舖博物館，前身就是單幢多層式的建築，是舊式的典型當舖建築。

舊式當舖需要很大的空間，不外乎是兩個原因：一、店舖越大，越能顯示自己的財力，是典當者的信心保證，藉以提高競爭能力；二、以前的典當物的種類多，當舖需要較大的地方儲存典當物，簡單來說，就是貨倉。

有一篇寫於 1955 年的報章資料，提到了當舖的情況，可作為那個年代經營當舖的參考資料：

當舖現狀

目前港九的當舖約有八十四間，除了要有一個寬大的舖面之外，還得有兩層至四層樓閣去安放衣物，一般來說：當舖多是自己的物業，或者是戰前租下來的，蓋租金較相宜也。據最近在北角新開的一間（只有舖面及閣樓可用），建築費是五萬元，每月租金八百，如果要像一般當舖要租用四層樓來安放衣物，月租當在二千元以下，「皮費」比普通的重得多了，至於繳交政府的費用，是每年牌費二千五百元。

開當舖一如普通生意，要講「地頭」，據他們說：目前最好的「地頭」是軒尼詩道一帶，那邊「當旺」，不但「當」「贖」多，而且所當的東西都是較值錢的，雖然說：當舖的生意已不好景，不過做這一行，除了「不熱不做」之外，而且多數是擁有大量「游資」的人投資的，還有人很熱中於這行生意的。（〈港九當舖內幕〉，《華僑日報》，1955 年 5 月 26 日）

● 舊和昌大押的建築已進行活化工程

　　時至今日，當舖會選擇典當物，屬於平價的、難以保管的、大件的、來歷不明的，一律不收。由於當舖主要收取金飾、手錶之類的小型物件，較大的物件也只收手提電話、手提電腦等，所以現今的當舖根本用不著太大的空間，更遑論要用到多層樓面了。一般來說，一個大夾萬就可以將典當物妥善儲存。

　　正因如此，有些舊式當舖寧願放棄原有的大型建築，轉而變成小型的當舖。灣仔的和昌大押搬到附近繼續營業，原有店舖則活化成餐廳；同是原坐落於灣仔的同德大押，搬到隔離門牌號碼的店舖單位，然後拆卸了原來的當舖建築物，計劃重新興建新式商廈。兩間當舖放棄舊建築是商業決定，但問題的根本，是經營當舖的方式已經轉型。既然當舖已用不著這麼大的面積，何不放棄大型店舖而改成小型的？對當舖來說，未嘗不是一件好事。

　　新式的當舖無須大量空間作貨倉，經營的模式亦變得更有彈性，不僅可減低運作成本，最重要的是，當舖可以在任何一個商業單位營業，甚至擠入商場的舖位內，不用刻意選擇多層建築或高樓底的唐樓來經營。

　　靈活而小型的當舖，是這個時代的當舖風格。至於將來還會怎樣轉變，我們只好拭目以待。

● 和昌大押已搬到西環繼續營業

● 未活化前的和昌大押

當舖是實體的店舖，立於大街並將押字招牌掛在當眼處。然而，在資訊網絡發達的年代，當舖也要走入網絡，部分當舖更開設了虛擬店舖，在網絡上尋找商機。內地有一間網絡當舖平台叫淘當舖，在其網頁內有這樣的介紹：

公司簡介

淘當舖是動產質押信息服務平台，公司集團於 2013 年 3 月成立，當月獲得藍馳資本、北極光等國際投資機構 1,000 萬美金的首輪投資，2014 年 5 月再次獲得藍馳資本、摯信資本等 3,500 萬美金 B 輪融資，團隊成員均來自金融及互聯網行業。淘當舖互聯網實物質押信息平台，通過各個渠道收集借款人需求匹配多渠道資金，為兩端資源提供中介服務。多渠道客戶資源及豐富的實物類債權項目，業務遍及全國多個重點城市，目前公司在北京、上海、廣州、深圳設有運營中心，至今已開設 80 家代理加盟商。我們深信，依賴現代網絡創新技術將民間借貸信息引入互聯網的模式，定會在快捷、便利、透明的體系下得到更健康長足的發展，並實現利益最大化！

淘當舖互聯網動產質押信息平台，我們通過各個渠道收集到借款人的需求，評估師上門或借款人到店，對質押物進行評估及其放款建議。覆蓋珠寶首飾、奢侈品、名錶、貴金屬、車輛等各類質押信息服務。淘當舖從產品上推動行業的創新，真正的滿足大眾用戶借急錢、借快錢的需求。從服務上淘當舖提供上門借貸服務，幫助債權端與資金端之間搭建 O2O 橋樑，優化用戶貸款體驗，促成雙方達成交易的一個網絡橋樑。

由於是虛擬的當押平台，所以並無傳統的當舖形象，既沒有遮醜板，也沒有高櫃枱等。創立這個平台的是一個 80 後的年輕人，他的團隊在創建淘當舖平台的過程中，發現網絡上有大量的人有典當的需求，因此他發展出一個典當的信息平台，只需在淘當舖說明要典當什麼東西，它就會代為聯繫，而淘當舖只是收取典當過程中的服務費。

對於這種網絡當押平台，或許不少人仍感到陌生，是否能成為 21 世紀新興的當舖，還是一個未知數。不過，在這個創新的年代，當舖網絡化亦非不可能的事。香港只是彈丸之地，欠缺成熟的客觀發展條件，可能要多一點時間，才可以有網絡當舖的出現。

儘管如此，當舖的網絡業務也值得一試。香港有一間上市的當押公司，亦開展了類似的網絡平台，可以為有需要的人士，透過網絡為物件進行估價。這個發展會否成為趨勢，現階段仍欠缺數據作分析。

當 ——————— 舖

——
與當舖發展
有關的故事

故 ——————— 事

關於當舖的小故事

當舖，與許多基層市民的生活息息相關，
加上當舖讓人有一種神秘的感覺，亦經常
成為電視、電影的內容素材。

雖然以當舖為主線的電視、電影不多，但
這類主題的電視、電影是新鮮的。如果能
夠在真實的當舖內取景，效果是最理想的。

當然，拍攝工作不可能在一時三刻能夠完
成，而當舖亦不會輕易答應成為拍攝場
地。除了怕影響生意外，也擔心當舖的景
觀外洩，對當舖構成保安的風險。

既然如此，當舖還是最好讓人有一種神秘
的感覺。

　　翻閱舊報紙，看到一篇短篇小品，內容是關於小市民的當押情況。我不知道小品內容的真實性，可能只是作者杜撰的故事，但內容情節不算誇張，或許能反映出 1960 年代香港小市民的生活面貌、當舖與小市民的關係。這個小故事的篇幅不長，現在將整篇小品記錄下來，細味一下昔日小市民的生活情況。

　　于齊人失事半年了，他曾經四處奔走，託人找尋職業，可是那些朋友們對於他的幫忙，卻非常吝嗇，他們並非全都沒有同情心或是對他表示不好感，而是對他的估計錯誤所致。老于就常常感嘆自己的倒霉，他常對妻子說：「太太，我們是窮人，但很不幸偏偏有了富有的親戚！」他的妻子聽了為之愕然：「你怎麼說法的，有個富有的親戚豈不是好事，多幾個窮朋友才是壞事吧？」

　　老于覺得太太太不入世，總受了很深重的幼稚病，他懶得和婦人小子囉囌，到頭來又是自己去想辦法。

　　這一天，正是九十度的大熱天，老于絕早便摸上一間商行去拜訪一位舊東家，經理 TY 梁一見了他便打起哈哈道：「老于，聽說你撈起了，難得你光臨，可有什麼照顧？」老于直言自己失業才是真的，什麼撈起都是失實。但老梁更認為他太謙了，明明是有了一位富戚，何來失業之理。老梁說：「于老兄，你又何必這麼客氣呢，還是和我開玩笑吧！」老于聽落，真是無話可說。明知道這個社會都是像建築在沙堆上的華廈，誰也不管那根基的，於是他只好客氣一番然後告辭。

　　回到家裡，太太告訴他，過幾天又得做人情了。老于一聽到「人

情」二字，差不多連汗毛也悚然，他明知道那些有如慈善捐的「人情」，長年一算，總要佔去不少的數目，在往時有職業在身，應付那些禮尚往來的「人情」還勉強可以，但半年沒有正常收入的人，對於那「人情」，簡直比催命符還要兇哩！太太告訴他：普通的「人情」還可以馬虎一點了事，但這次是一位老襟的彌月喜慶，在情理上，身為姊丈的老于，就算生生借借也得送個厚禮的……老于聽了，心裡像壓了千斤大石，速喘的機會也失去了。他沉默了一會才對老妻說：「太太，你說要送厚禮，我該到那裡借錢呀？」顯然，這是一句絕望的話，但他的太太滿感不高興了，她認為丈夫不識時務，太那個了，她倒不以為然地說：「對呀，上帝安排我們有個富貴親戚，一切都得去想辦法啦！」

過了三天，已到了送禮的最後關頭了，老于一早便出門去，到了黃昏，他拖著沉重的步回家。太太追問他要錢上街買禮物，他喪氣地從口袋裡掏出五十塊無零。太太滿不高興地匆匆上街去了。

老于連澡也懶洗，倒頭便睡，太太買了禮物回來，看見他睡了，打開他的銀包一看，連一個硬幣的影子也沒有，有的是一張新鮮的當票……（〈太平山什記·一張當票〉，《華僑日報》，1963 年 5 月 25 日）

以前人們的生活較窮困，許多人都是「餐搵餐食餐餐清」，莫說是要過年關，要是遇上節日或喜慶事，都要求助於當舖。不少粵語長片的內容，都有提及低下階層的市民，要向當舖抵押物品，就算只是一支墨水筆，一件西裝，在有需要時，也不得不拿到當舖問「二叔公」借錢度日。故事內容未必是真實的，但對我們了解半世紀前的市民生活片段，以及表現人們對當舖的依賴，也是不錯的資料。

當舖需要幫助有困難的人度過難關,在這個大前提下,基本上只要是有價值的物品,當舖都會接受。以前,人們的生活條件不好,家裡稍為值錢的日用品都可以拿到當舖換錢,如風扇、收音機、電視機、電水壺,甚至是棉被、衣服、皮鞋 …… 有時為了錢,連生財工具都要成為抵押品,總之,能變賣的都可以典當。當舖對於任何「奇形怪狀」的物品,只要是有一定的價值的,多數不會拒絕。

時至今日,當舖不會接受日用品,收取的物品種類變少,只會接受較值錢的首飾、金器等,有些當舖還會接受手提電腦、手提電話這些有二手市場價值的電子產品。

在一篇舊報紙的報道中,提及於 1960 年代,已有當舖開始規範典當物的類別,當中的轉變,只有一個原因,就是為了利潤:

> 最近此間當舖生意又轉暢旺,入當舖的東西以金飾為最多,此外手錶、相機、珠、玉、鑽石、新舊衣服均有 …… 據當舖商說,由於近來該業商人發現有比較多的新、舊衣物,和其他的一些貨物斷當,因此有不少當舖近來把生意範圍縮得很狹。目前,該業商人最希望能多當入金飾,其次是手錶和照相機等。至於一些過去該業商人一度歡迎的成批的全新貨物,現在基本上不受歡迎,除非是老顧客情形又不同。儘管如此,但有些當舖不管是新舊顧客,不再接納這些新貨了。(〈當舖生意又轉興旺〉,《大公報》,1965 年 12 月 8 日)

典當物品較易處理,那麼,人能典當嗎?約十幾年前,有套電視劇集叫

《阿有正傳》，劇中其中一個角色經營家族式的當舖生意，有一幕是描述主角因爛賭而要「當妻子」。最後，被當押了的妻子還改嫁給當舖老闆。當然，電視情節肯定有誇張成分，不必認真看待。事實上，人不是物件，香港也不能販賣人口，自然不能真的「當人」。不過，一些當舖的老前輩卻不諱言的表示：以前是有「當人」的。

1970 年代，當舖是會「當人」的。所謂「當人」，並不是要販賣人口，而是以前的生活環境差，老一輩的人怕小朋友長不大，就將他們帶到當舖典當，那樣小孩就會平平安安地成長。或許，這個行為是有點迷信成分，只是不少老人家希望能買個平安。

「當人」的程序是：首先帶小朋友到當舖，由「二叔公」抱著他在當舖內走一個圈，再在神台叩拜。現在大部分當舖已不設神台，因此，就算當舖內有老前輩做「當人」的，也沒有拜神這個儀式了。

順帶一提，據說，典當業以前也有供奉其他特有的行業神，即財神、火神和號神。前兩者很容易理解，就是要求財和避免受到火災。號神，又是什麼呢？原來號神又稱耗神、耗子神，即是我們所說的老鼠。當舖對老鼠表示敬意，就是免得各種貴重衣料、綢緞等遭受破壞。基於這個原因，當舖多不養貓，也不捕殺老鼠，還稱老鼠為神。

最後，由「二叔公」寫一張有「長命百歲」字樣的「假當票」，交給前來典當的父母。這張當票並非一般的當票，原則上沒有四個月時限，但到了每年年底，父母都要帶著當票來續當，直至小朋友成年為止，就不用再「當人」了，此時就要「贖人」了。

在澳門的當舖博物館裡，有一段的影片，當中有約兩分鐘的內容是講「當人」，由一位老前輩講述「當人」的經過，很有趣，內容是這樣的：

● 現在的當舖多數沒有拜神的儀式，
亦看不到供奉的行業神了。

　　生下的子女比較難於養育，家長希望小孩能夠健康成長，又認為
當舖比較神聖又能夠治邪，就把小孩拿到當舖去典當，但並非真正的將
小孩典當留在當舖裡面，而是把小孩帶到當舖裡面拜地主。我們就寫上
「長命富貴」的字樣在一張紅紙裡給予對方，而典當小孩的人士又給予
我們利是（紅包）。我親眼見過這樣，我自己亦做過，我們入行的時候
還有，但隨後慢慢地到現在就沒有了。

　　下次到澳門典當博物館參觀時，不要錯過這段精彩的片段，算是了解
「當人」、「贖人」的口述歷史記錄。

在華人的社會裡，把「當仔」視為迷信的事，勉強還說得通。然而，「當仔」這個行為，這是否只是單一的原因呢？

關於「當仔」一事，前輩吳昊先生在他的著作中，曾有這樣的記載：有人進入當舖要「當仔」，在當舖工作的替工不知道怎樣處理，「掌櫃拍拍替工的背，『江湖規矩，人逢絕境典當兒女，你就封個利是打發她，記著，懂得江湖不算壞事，相反，更了解人生！』」（見《亂世童真》〈典當兒女〉一文）

舊社會的人們生活困難，不少人都是三餐不飽，在他們之中，有沒有人真的因為沒有錢，而需要把兒女作為抵押品呢？或許，這種情況是存在的。

至於前輩吳昊先生所記載的內容，應該是真的發生過。當時，有當舖用江湖規矩去解決問題，讓有需要的人不會陷入困境，度過難關。不過，書中所記載的內容已經時代久遠，新一輩的「二叔公」可能未經歷過這種事，不知道箇中的情況，也屬正常。而且，這種江湖救急的情況，一來不一定經常發生，二來也不可能有白紙黑字的記錄，更沒可能找到曾接受過江湖救急的人，站出來說個明白。因此，要為「當仔」找出「當事人」來問個明白，似乎是不容易的事。

前輩吳昊先生的說法，為「當仔」寫下第二個解釋吧。

　　當押業是舊行業，根據資料所示，早在一百多年前的香港，已有當舖了。對於這種古老行業，許多人仍感到陌生，對當舖的情況並不清楚。除了是大部分人都未進入過當舖外，事實上，香港亦缺少了一間當舖博物館。香港人要認識當舖，可謂無從入手。

　　以現有的資料可知：香港有一間有逾百年歷史的當舖，就是位於元朗舊墟長盛街 72 號的晉源押。當舖所處的建築物，約建於 1910 年代，並一直運作到 1940 年代，在第二次世界大戰期間停止運作，戰後沒有復業。不過，由於建築物仍保存得不錯，還保留了一個金屬製的「蝠鼠吊金錢」的標誌，因此該建築物有一定的代表性，是香港現存最古老的當舖，已被古物古蹟辦事處列為一級法定古蹟。不過，這座百年歷史建築並沒有開放給市民參觀，而且該建築物跟大部分人所認識的，於戰後才開始營業的當舖的外貌，還是有一定的差別，似乎並不適合改作博物館。

　　除了晉源押外，香港仍有幾座重要的當舖建築，如已改建成餐廳的灣仔同昌大押，以及於 2015 年拆卸的灣仔同德大押，都是與典當業有關的歷史建築。同昌大押列入喜帖街（利東街）一帶的重建範圍，但建築物有幸得到保留，並活化成餐廳，保留了昔日舊當舖，以及舊式唐樓的建築風格；至於同德大押則未能成功保留下來，最終逃不出被清拆的命運，只能成為了人們的歷史記憶。另外，深水埗的恒貞大押在荒廢多年後，於 2017 年曾改成食肆，但開業不久，又結束了業務；現在改成了茶餐廳。雖然當舖的外觀被保留下來，但內裡的建築已被改建，看不到當舖原來的面貌。

　　歷史建築被拆，是很可惜的事。同德大押是灣仔的地標，尤其是乘坐電車途經灣仔區，人們總會被這幢建築所吸引，就算不是灣仔的街坊，也會

● 在未裝修前的香港歷史博物館內，有一個位置展示了元朗晉源
　押的外觀。

覺得當舖很搶眼。如果這幢戰前的歷史建築能保留下來，並改建成當舖博物館，是最好不過了，可以為想了解當舖文化的市民提供方便。

澳門有一間當舖博物館，建築物的前身是正式的當舖；廣州也有當舖博物館，同樣是由原當舖改建而成。將舊當舖改成博物館，毋須進行大規模的改動工程，只是翻新原來的擺設，就可以成為原汁原味的當舖博物館了。從外到內無須大規模改動，便可將建築物活化並保留下來。

● 在廣州的東平大押已變成當鋪博物館

● 澳門當鋪博物館的前身是德成按

● 位於元朗的晉源押已經結業，但當舖建築並未有拆卸。

● 澳門設有當舖博物館，入場門票用了舊當票的設計。

　　香港沒有當舖博物館，市民只能跑到澳門或廣州，欣賞沒有香港味道的外地當舖，始終欠缺了香港色彩。雖然省港澳三地的交流多，在文化上亦有不少共通點，但三地的文化始終有些不同，欠缺香港當舖博物館，是有點美中不足。現在，只有香港歷史博物館的香港展區有一間仿製晉源押外觀的展品，算是讓香港人認識舊當舖的地方吧。

　　市民要認識當舖，只有一間由博物館堆砌而成的當舖模型，是不足夠的。如果有一間舊當舖能改建成博物館，才是活生生的歷史見證，可以讓市民看到當舖的真面貌。

以前，許多市民的生活比較艱難，不少基層市民都是靠賒借度日。有反映社會現實的粵語長片，較常用的橋段便是描寫主角要去當舖，以僅有的財物換取一些生活費。因此，粵語長片有時在當舖取景，從中亦可看到當舖的舊面貌。

當舖的情節不是劇情的重點，在當舖取景的粵語長片，一般只有幾秒鐘的鏡頭，甚少在當舖內進行拍攝。最常見的角度，是拍攝主角出入當舖，或只展示手中的當票而已。要真正了解當舖的運作，粵語長片只能提供很少、很片面的資料，算是為舊當舖留下幾個簡單的註腳而已。

事實上，當舖為不少升斗市民解決了財務上的困難，有劇集用了寫實的場面，選擇當舖為背景，記錄了當舖的面貌。其中，一齣於 1977 年製作的《獅子山下》，有一集片名為《押》，由阮兆輝等人飾演，編導是黃森。《押》，顧名思義，就是當舖。劇集是以當舖為主題，也有提到當舖的運作，算是認識 1970 年代當舖運作的重要資料。劇中取景的當舖位於中環，到現在仍是在運作中，是香港其中一間歷史悠久的當舖。

關於《押》的劇情介紹是這樣的：「一間當舖，看透人生百態。偷他人金筆的小偷，碰上窮途落泊的老作家。小偷有他的同情心，可憐老作家卻因為要典當古玩，甚至賠上自己的老命⋯⋯當舖那一個『押』字，寫盡當年香港小市民的無奈心境。」

這齣短劇仍可以在香港電台的網頁欣賞，有興趣的話，可瀏覽下列網址：https://podcast.rthk.hk/podcast/item.php?pid=568&eid=39776&year=2014&lang=zh-CN。

至於以當舖為背景的電視劇，另外也有幾套。

一套是《閉門一家親》，由馮偉林、毛舜筠、藍天、李國麟、夏萍、湘漪等人主演。《閉門一家親》屬生活喜劇，於 1983 年 4 月首播，共有 16 集，每集約有 23 分鐘。現在仍可以透過網上收費電視，下載觀看。到了 1985 年 1 月，以同樣的班底，推出《閉門一家親 II》，共有 13 集。

網上有《閉門一家親》的劇情簡介：

> 單元處境喜劇《閉門一家親》，以一個中上家庭為背景，主人翁閉國隆（藍天飾演）經營當舖生意，享有齊人之福，大小兩妻同住，並有兩個同父異母的兄弟，從他們的微妙關係，獨特的性格，職業以及遭遇，通過精警的對白和幽默的處理手法，引發出輕鬆惹笑、活潑新鮮的生活故事。
>
> 閉國隆本與妻柯金枝（夏萍飾演）居於鄉間，後獨自來港謀生，進當舖工作，並與老闆的女兒鍾秋月（湘漪飾演）相戀。老闆去世，他娶老闆的女兒為妻，並接手當舖。秋月為他生下長子而邑，不久，金枝亦從鄉間來港，住在一起，並產下次子而通。國隆對兩妻、兩子不分彼此，一視同仁。兩妻雖偶有嘈吵，但仍以姊妹相稱。並常聯手對付丈夫，防止他再有第三個女人。
>
> 大仔而邑慧直單純，常被聰明蠱惑的弟弟作弄，然兄弟感情不錯。兩人同時鍾情精明能幹的白領麗人毛美玲（毛舜筠飾演），展開全力追求，美玲卻對兩人若即若離。美玲初時表現溫柔嫻熟，但選中老大後，即原形畢露，原是個佔有慾強，崇尚權力、尖酸刻薄之女性，兼且妒忌心極重，對而邑常加欺壓。

這齣電視劇幾乎每集都以一間真實當舖為拍攝背景，亦有不少片段講述

了當舖的運作。所以,要了解舊當舖的經營模式,《閉門一家親》的確是重要的電視劇。

內地有一些劇集是以當舖為背景的,其中有一套劇集的主要角色是由香港演員擔綱的,叫《阿有正傳》。於 2005 年在內地電視台首播的《阿有正傳》,共有 34 集。雖然劇集的主角不是經營當舖生意,但有不少情節與當舖有瓜葛。根據《阿有正傳》的劇情簡介,也可略知一二:

> 清代末年,佛山望族後人陳大有(張衛健飾演)世襲綢緞莊,風流玩樂,不善生意,賭掉萬貫家產,竟將妻子倩雯(胡可飾演)典當給宿敵柳原。大有浪蕩江湖,認識了雜技團班主的女兒容希兒(李彩樺飾演),重新萌生鬥志。陳大有再次創業,大起大落,曲折離奇,並因為盜墓被都督納蘭正(譚耀文飾演)通緝。峰迴路轉,陳大有的真正身份竟是大清格格(劉曉慶飾演)的親兒,與春風得意的都督納蘭正是同母異父的兄弟。由於身份的巨大差異,兄弟倆最終未能相認。

而較新的一套以當舖為背景的電視劇,則是 2019 年首播的《十二傳說》。故事本身是講述香港的都市傳說,並非以當舖為背景的劇集,然而,故事主角的家庭是經營當舖生意,而一些劇情亦在當舖內發生,所以亦間接提到當舖的情況。《十二傳說》的劇情簡介是這樣的:

> 都市傳說有些疑幻疑真,民俗學教授潘朵拉(林夏薇飾演)考察新娘潭傳說時遇上當地鬧鬼事件,她發現是有人利用傳說犯案,跟記者傅子博(蕭正楠飾演)查明真相,揭開準新娘子黃玉(劉佩玥飾演)不為人知的身世。朵拉恩師失蹤七年,兒子竟是子博,二人決定完成恩師未

完成的論文《香江都會傳說》，考察期間竟遇上與傳說類同之案件，朵拉始認為恩師失蹤並不尋常。調查期間，朵拉與子博認識高級警察易銘賢（張穎康飾演），其家族正是狐仙吸嬰傳說的主角，朵拉受託考察當年事件，子博突然發現父親尚在人間……

《十二傳說》取景的地方，是在紅磡的一間真實當舖，不過劇集運用特技改了當舖的名字，亦沒有在該當舖內取實景。

1979 年上映的《家法》是一齣黑幫電影，電影內容跟當舖是沒有關係的，但其中有一句對白，有提及當舖，就是：「塵歸塵，土歸土，手錶金筆歸當舖。」憑這句話，可以知道，大概在 1970 年代的當舖，最主要收的當押品就是手錶和金筆。

隨著時代的變遷，手錶和金筆已不合時宜，於是，這句話又有人改成：「塵歸塵，土歸土，金勞 Benz 歸當舖。」不過，修改後的句子反而不夠貼切，未能反映香港當舖的真實面貌。香港的當舖雖然會收「金勞」（勞力士），但肯定不會收「Benz」。如果要提升當押品以配合時代發展，似乎「Benz」改成智能電話或鑽戒之類，才合符香港當舖的情況。

2012 年，有一套電視劇叫《當旺爸爸》，這個「當」字，有當舖的意思。

根據劇情介紹，是以「主角高義文（夏雨飾演）接管了『德廣押』，成為當舖老闆，同時秉承了『救急助人』的當舖精神，認為『錢要搵，人要幫，幫得就幫』，故受街坊歡迎」。

劇集是以當舖為背景，講及當舖的內容並不多，但有幾幕的場景有提及當舖當押的情況，讓觀眾對當舖有所認識。

其中，有兩段內容解釋了當舖的運作。其一，是關於當舖僱用人手的事。在片段中，有提及到當舖請人有四大要求：「當舖僱用員工，寧可錯

過，不可僱用錯。第一，要有保證，熟人介紹。第二，要有經驗，出錯減少。第三，要夠老實，一勞永逸。第四，要有見識，從容不迫。」其二，片段亦有提及當舖借錢給有需要的人，是很重要的：「當舖精神，救急助人，最重要的是能解人燃眉之急 ……（財務公司）要你出示收入證明，手續繁多，而我們當舖不一樣，我們憑你的物件，金飾、手錶、手機、電腦，立即估價，立即給錢，救急扶危，最緊要就是快 …… 其實做人，最重要的是有情有義 …… 」

透過電視劇來認識當舖，算是對當舖的另類宣傳及介紹手法。

漫畫

在香港經濟還未起飛的年代，市民生活水平不高，有不少市民需要依靠當舖。於是，當舖成為描寫基層市民的主要素材。

那個時代，許多漫畫都會以當舖為題，記下當舖裡的人生百態，只要翻開報刊的副刊，不難找到關於當舖的漫畫，就算是《老夫子》等漫畫，偶爾也會看到當舖的題材。用漫畫來分析當時當舖的情況，了解當時的社會面貌，是最合適不過的。

本章所展示的，是部分在報刊上刊載的漫畫，對認識當時的當舖情況，有一定的幫助。

● 〈乜先生 有當有贖〉,《工商晚報》,1967
年 12 月 10 日

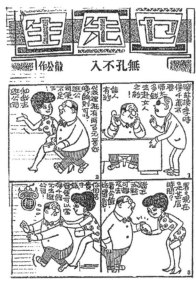

● 〈乜先生 無孔不入〉,《工商晚報》,
1969 年 9 月 12 日

● 〈乜先生 與虎謀皮〉,《工商晚報》,1967
年 11 月 18 日

● 〈乜先生 貯衣室〉,《工商晚報》,1967 年
1 月 25 日

● 〈乜先生 贖當運動〉，《工商晚報》，1969年2月7日

● 〈乜先生 開硬弓〉，《工商晚報》，1967年3月4日

● 〈乜先生 面子問題〉，《工商晚報》，1969年12月6日

● 〈乜先生 顧全體面〉，《工商晚報》，1969年2月11日

● 〈一「舉」兩「得」〉,《工商晚報》,1969 年 9 月 26 日

● 〈乜咁嘅呀經理?〉,《工商晚報》,1981
年 9 月 6 日

● 〈不妨一查〉,《工商晚報》,1969 年 3 月 21 日

● 〈中秋寫送禮〉,《工商晚報》,1968 年 10 月 6 日

一人生何處不相逢（生力）

● 〈人生何處不相逢〉，《工商晚報》，1967 年 5 月 1 日

何處不相逢！

黃帝祿

● 〈何處不相逢！〉，《工商晚報》，1967 年 3 月 3 日

（行周） 題三錢冇↓

● 〈冇錢三題〉，《工商晚報》，1967 年 12 月 24 日

152

● 〈冇攪錯〉,《工商晚報》,1968 年 6 月 17 日

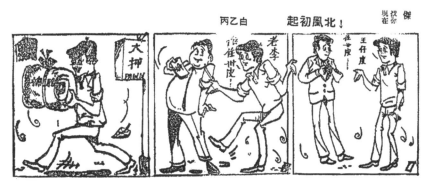

● 〈北風初起〉,《工商晚報》,1969 年 11 月 24 日

● 〈啱啱夠鐘〉,《工商晚報》,1967 年 7 月 27 日

● 〈大失預算〉,《工商晚報》,1967 年 3 月 14 日

● 〈如此「贏梗」!〉,《工商晚報》, 1968 年 5 月 13 日

● 〈天涼即景〉,《工商晚報》,1968 年 11 月 5 日

● 〈寧願不要〉,《工商晚報》,1968 年 2 月 12 日

● 〈年關之前〉，《工商晚報》，1966 年 1 月 6 日

● 〈先看左，再看右，快步走！〉，《工商晚報》，1966 年 5 月 9 日

● 〈新年四題〉，《工商晚報》，1966 年 1 月 25 日

● 〈最適當借錢時候〉，《工商晚報》，1968 年 7 月 18 日

● 〈暖洋洋的冬天〉，《工商晚報》，1968 年 12 月 13 日

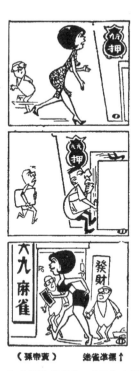

● 〈枉費心機〉,《工商晚報》,1968 年 4 月 1 日

● 〈標準雀迷〉,《工商晚報》,1967 年 7 月 24 日

● 〈乜先生 拒借絕招〉,《工商晚報》,1966 年 5 月 25 日

● 〈歲晚談心境〉,《工商晚報》,1967 年 2 月 7 日

● 〈深秋談換季〉,《工商晚報》,1967 年 11 月 2 日

潦倒窮愁　↓
行單不禍

·黃帝孫·

● 〈潦倒窮愁 禍不單行〉,《工商晚報》,1966 年 10 月 27 日

● 〈值得幾多錢呀？〉,《工商晚
　報》,1984 年 9 月 30 日

● 〈睇人面口集〉，《工商晚報》，1966 年 3 月 10 日

● 〈突然集〉，《工商晚報》，1968 年 3 月 28 日

傑重林　遇奇賊竊

培陳　能屈能伸　▽

● 〈竊賊奇遇〉，《工商晚
報》，1968 年 12 月
10 日

● 〈能屈能伸〉，《工商
晚報》，1970 年 1 月
19 日

● 〈漫畫節目〉，《工商晚報》，1969 年 3
月 9 日

● 〈漫畫節目〉，《工商晚報》，1969 年
11 月 9 日

乍暖還寒，苦了有當有贖之人！（才戈）

● 〈乍暖還寒，苦了有當有贖之人！〉，《工商晚報》，1966 年 3 月 28 日

人之于面講　　人之交享講　　人之寵時講　　人之生衞講

講究之人　（林重傑）

● 〈講究之人〉，《工商晚報》，1968 年 3 月 21 日

送禮三題 ⇩
·林重傑·

● 〈送禮三題〉，《工商晚報》，1969 年 1 月 7 日

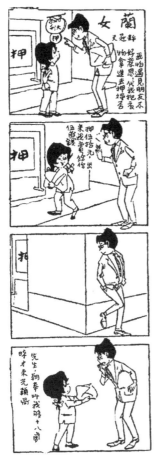

● 〈蘭女〉,《華僑日報》,1966
　年1月9日

● 〈講義氣〉,《工商晚報》,1969
　年9月13日

● 〈送禮什寫〉,《工商晚報》,1967 年 9 月 18 日

● 〈陸續有來!〉,《工商晚報》,1967 年 11 月 23 日

● 〈面子問題〉,《工商晚報》,
　1965 年 12 月 30 日

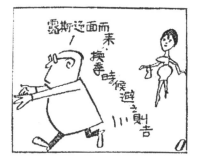

●〈買書問題〉,《工商晚報》,
1967 年 8 月 21 日

●〈隨機應變〉,《工商晚報》,1969 年
3 月 30 日

馬場小景↑

（左至右由）

○從運所無，天滿士貼㊀
發時演喪在志場馬來嬎㊁
○溜溜靑生鋪當閒地就㊂

〔傑重林〕

● 〈馬場小景〉，《工商晚報》，1967 年 11 月 27 日

● 〈馬迷生活〉，《工商晚報》，1967 年 11 月 6 日

● 〈畫新聞 寒雨〉，《華僑日
　報》，1963 年 2 月 12 日

● 〈畫新聞 當票〉，《華僑日報》，1963 年 1 月 10 日

● 〈乜先生 寧買當頭起〉，《工商晚報》，
1968 年 11 月 2 日

● 〈乜先生 忽冷忽熱〉，《工商晚報》，1967
年 2 月 28 日

● 〈都市風情畫 益晒哥仔〉,《工商晚報》,1968 年 8 月 29 日

● 〈都市風情畫 殊途同歸〉,《工商晚報》,1968 年 9 月 12 日

● 〈香港百態〉,《工商晚
報》,1981 年 11 月 20 日

當票，是當押的票據。

以前的當票印刷並不精美，內容亦只有記下簡單的金額和資料。然而，隨著當舖的發展，當票也要有所變化。現在的當票印刷精美，內容豐富，是研究當舖發展的其中一項重要課題。

由於當票的內容涉及個人私隱，並不能把當票的內容作清楚介紹，因此，本章所展示的，是當票的票頭。所謂票頭，是在當票上印上當舖資料的部分。

這裡是我在 2016 至 2023 年間，搜集得來的全港當舖的當票票頭。在這段期間，有當舖因結業而未能趕及搜集資料；亦有當舖在我完成搜集後，宣佈了結業。因此，這裡 200 多張當票票頭中，仍有一些當舖未能算入其中，但已可以算是一份這個時代香港當舖的資料冊。

HENG TAI PAWN SHOP LTD. G/F, 159 KWEI LIN ST., SHAM SHUI PO, KLN.
下地號九十五百一街林桂坊水深龍九

押 泰 亨

YUE TAI PAWN SHOP LTD. SHOP 3A, G/F., 8 YI PEI SQUARE, TSUEN WAN, N.T.
下地A三號八坊二灣荃界新

押 泰 裕

Tel: 2419 8199

YIU CHEONG PAWN SHOP LTD. 14A G/F., TRIANGLE ST., WAN CHAI, H.K.
下地A號四十街角三仔灣港香

押 昌 耀

WING CHEONG PAWN SHOP LTD.
SHOP 8-9, G/F., 33 HOP CHOI ST., YUEN LONG, N.T.
鋪號九至八下地號三十三街財合朗元界新

押 昌 榮

SHUN HING PAWN SHOP LTD. 294, SHUNNING ROAD, KOWLOON.
號四十九百二道寧順龍九

押 興 順

SHIU CHEONG PAWN SHOP LTD. 158, JUNCTION RD., LOK FU. KLN.
號八十五佰一道合聯富樂龍九

押 昌 紹

LEE TAI PAWN SHOP LTD. 2C, HAU WONG ROAD, KOWLOON
C號二道王侯龍九

押 泰 利

FUNG TAI PAWN SHOP LTD.
SHOP 1, G/F., 40C WO LUNG ST., LUEN WO MARKET, FAN LING, N.T.
鋪號1下地C號十四街隆和墟和聯嶺粉界新

押 泰 豐

TAI WING PAWN SHOP 15-17, CHIK FU ST., G/F., TAI WAI SHATIN
PERIOD 4 LUNAR MONTHS ONLY
下地號七十五至五十街富積大圍田沙

押 榮 大

順 泰 押

SHUN TAI PAWN SHOP LTD.
九龍深水埗田偉智里式號金大廈二百二十九號地下
SHOP 229, G/F., KAM YUCK BUILDING, 2 WAI CHI LANE, PAK TIN, SHAM SHUI PO, KOWLOON

TAI SHUN PAWN SHOP 190, QUEEN'S ROAD WEST, H.K
PERIOD 4 LUNAR MONTHS ONLY
號〇九一西道大后皇港香

押 順 泰

TUNG SANG PAWN SHOP 147 NAM CHEONG ST.
號七十四百一街昌南埗水深龍九

押 生 同

YEE CHEONG PAWN SHOP 53, YIN HING ST., SAN PO KONG
PERIOD 4 LUNAR MONTHS ONLY
號三十五街慶付圃蒲新龍九

押 昌 怡

A號二十五道馬角北港香
52A Marble Road, North Point, Hong Kong

押 豐 成

Shing Fung Pawnshop
營經司公限有揭按成富
Operated by Foo Shing Loan & Mortgagee Co Ltd

九龍旺角亞皆老街三十七號
37 Argyle Street, Mong Kok, Kowloon

同昌押
Tung Cheong Pawnshop
富成按揭有限公司經營
Operated by Foo Shing Loan & Mortgage Co. Ltd.

香港灣仔軒尼詩道一百九十二號
192 Hennessy Road, Wanchai, Hong Kong

成隆押
Shing Lung Pawnshop
富成按揭有限公司經營
Operated by Foo Shing Loan & Mortgage Co. Ltd.

九龍深水埗南昌街一百一十七號
117 Nam Cheong Street, Sham Shui Po, Kowloon

南昌押
Nam Cheong Pawnshop
富成按揭有限公司經營
Operated by Foo Shing Loan & Mortgage Co. Ltd.

香港石唐咀皇后大道西五百四十號
540 Queen's Road West, Shek Tong Tsui, Hong Kong

德泰押
Tak Tai Pawnshop
富成按揭有限公司經營
Operated by Foo Shing Loan & Mortgage Co. Ltd.

香港灣仔軒尼詩道三百六十七號
367 Hennessy Road, Wanchai, Hong Kong

同德押
Tung Tak Pawnshop
富成按揭有限公司經營
Operated by Foo Shing Loan & Mortgage Co. Ltd.

香港銅鑼灣邊寧頓街三號
3 Pennington Street, Causeway Bay, Hong Kong

德興押
Tak Hing Pawnshop
富成按揭有限公司經營
Operated by Foo Shing Loan & Mortgage Co. Ltd.

九龍油麻地上海街一百七十八號
178 Shanghai Street, Yau Ma Tei, Kowloon

德生押
Tak Sang Pawnshop
富成按揭有限公司經營
Operated by Foo Shing Loan & Mortgage Co. Ltd.

香港中環德輔道中七十二號
72 Des Voeux Road Central, Hong Kong

德榮押
Tak Wing Pawnshop
富成按揭有限公司經營
Operated by Foo Shing Loan & Mortgage Co. Ltd.

香港中環威靈頓街一百三十六號
TAI CHEONG PAWN SHOP
G/F. 136 WELLINGTON STREET, CENTRAL, HONG KONG

新曆到期
EXPIRE

港幣
H.K. $

泰昌押

農曆四個月滿期
Redeemable Within Four Lunar Months
九龍旺角弼街五十二至五十四號地下E1舖
Shop E1, G/F., Nos. 52-54 Bute Street, Mong Kok, Kowloon.

成安押
Shing On Pawnshop
富成按揭有限公司經營
Operated by Foo Shing Loan & Mortgage Co. Ltd.

TAI LOONG PAWN SHOP   40, BOWRING ST., JORDAN, KOWLOON.
PERIOD 4 LUNAR MONTHS ONLY
九龍佐敦寶靈街四十號

大隆押

TAY LOR PAWN SHOP   1V. SAI GON STREET, KOWLOON
九龍油蔴地西貢街一號 V
☎ 2384 8539   HK. $

泰來押

WING HING PAWN SHOP
SHOP B, G/F., 170, SHAUKEIWAN ROAD, HONG KONG
香港筲箕灣道壹佰柒拾號地下B舖

榮興押

SHUN HING PAWN SHOP
G/F. 20, HOI NING STREET, SAI WAN HO, HONG KONG
香港西灣河海寧街二十號地下

信興押

TUNG FUNG PAWN SHOP
311, HENNESSY ROAD, WANCHAI, HONG KONG.
香港灣仔軒尼詩道三百一十一號

WO FUNG PAWN SHOP
51, TANG LUNG STREET, G/F., CAUSEWAY BAY, HONG KONG.
香港銅鑼灣登龍街五十一號

WAH WING PAWN SHOP
SHOP C, G/F., 5 TONG SHUI ROAD NORTH POINT, H.K.
香港北角糖水道5號C舖

SHUN CHEONG (HUI'S) PAWNSHOP LTD.
Shop 10, G/F., Kam Fai Building, 20 Waterloo Road, Yau Ma Tei, Kowloon.
九龍油麻地窩打老道20號金輝大廈地下10號舖
PERIOD 4 LUNAR MONTHS ONLY

WAH WAI PAWN SHOP
SHOP 10, G/F., BLK. 1, ON NING GARDEN , 10, SHEUNG NING RD., HANG HAU TSEUNG KWAN O.
將軍澳坑口常寧路十號安寧花園一座地下十號舖

CHUN ON PAWN SHOP
91, WANCHAI ROAD G/F., HONG KONG.
香港灣仔道九十一號

WOO CHEONG PAWN SHOP
G/F., NO. 149, DES VOEUX ROAD WEST, HONG KONG.
香港德輔道西一佰四十九號地下

HUNG LEE PAWNSHOP
九龍紅磡湖蔴街五十八至六十六號建金閣五舖
58-60, G/F., WUHU ST., HUNG HOM, KOWLOON.

九龍油麻地廟街 221 號　☎ 2332 9685
221 TEMPLE STREET, YAU MA TEI, KOWLOON

MING SANG PAWN SHOP

WING SANG PAWN SHOP
35. STATION LAND. HUNG HOM. KOWLOON
九龍紅磡差館里叁拾五號

新界元朗阜財街宏豐大廈14號地下
G/F., WANG FUNG BLDG., 14 FAU TSOI ST., YUEN LONG, N.T.

TAK PO PAWN SHOP

TAI SHING PAWN SHOP 9A, G/F. SHUN HING BLDG. 1 9 PAU CHEUNG SQUARE. YUEN LONG .N.T.
◀ PERIOD 4 LUNAR MONTHS ONLY ▶
新界元朗炮仗坊1至9號順興樓下地9號A舖

WING SANG PAWN BROKER
PORTION B ON G/F., 17 PAK TAI STREET, TO KWA WAN, KOWLOON.
九龍土瓜灣北帝街十七號B地下 ☎ : 2712 6524

榮生大押

SHUN FAT PAWN SHOP
Shop B,5 G/F.,Tung Ming Street,Kwun Tong,KLN.
九龍觀塘通明街5號地下B舖

順發大押

存德大押

CHUEN TAK PAWN SHOP   9, HUMPHREYS AVE., G/F., KLN.
九龍尖沙咀堝富利士道九號地下 TEL: 2366 6497

SHING WO PAWN SHOP
138, CHUNG ON STREET, TSUEN WAN, N.T.
香港新界荃灣眾安街壹佰叁拾八號

成和大押

同陞大押

TUNG SHING PAWN SHOP
新界元朗裕景坊發祥大廈14號A2地下
14 A2, G/F., Yu King Square, Yuen Long, N.T.

華發大押

WAH FAT PAWN SHOP
九龍觀塘康寧道二十二號
G/F., 22 Hong Ning Rd. Kwun Tong Kowloon

YAU LEE PAWNSHOP
九龍長發街三十A號B、C舖
NO. 13A BLOCK B, C CHEUNG FAT ST., KOWLOON

友利大押

新界大埔廣福道七十至七十八號C座地下
廣福大押

WAH FUNG PAWN SHOP
13A TIN CHONG STREET, HONG KONG.
香港北角廠電街13A地下

華豐大押

香港仔大道壹百壹拾七號地下P舖
(正門在東勝道)

非原當人請回贖   姓：名：   I.D. No.

永富大押

TUNG ON PAWN SHOP   11 YIN HING STREET
PERIOD 4 LUNAR MONTHS ONLY
九龍新蒲崗衍慶街拾壹號

東安大押

新界元朗炮仗坊三十八號地下
永益大押

九龍慈雲山雙鳳街五十四號地下
新曆　到期　電話：23224531
永成大押

電話：2365 6183   九龍紅磡湖光街17號B地下
(門口由寶其利街入)

益昌大押
YICK CHEONG PAWNBROKERS LTD.

PO SANG PAWN SHOP
18 NGAN FUNG ST. FUNG WONG VILLAGE WONG TAI SIN KLN.

九龍黃大仙鳳凰新村銀鳳街一十八號

寶生大押

YIK FUNG PAWN SHOP G/E MIDDLE, 9 LOK SHAN ROAD, TOKWAWAN, KLN.
PERIOD 4 LUNAR MONTHS ONLY

中下地號九道山落灣瓜土龍九

益豐大押

TAI YICK PAWNSHOP
九龍油蔴地碧街三十三號
33 Pitt Street, Yau Ma Tei, Kowloon.
營業時間：每日上午九時至下午七時 電話Tel: 23849434
Business Hour : 9:00 a.m. to 7:00 p.m. 傳真Fax: 27830762

大益大押

新界大埔太和路太中心十八號

廣安大押

下地號五圍政德市新門屯
新曆 到期 電話：2459 5613

永華大押

香港皇后大道西四百八十五號下地十六舖
WING ON PAWN SHOP LTD. SHOP 26, G/F, 485 QUEEN'S RD., W., HONG KONG.
新曆到期
EXPIRE H.K. $

永安大押

WING HANG PAWN SHOP 59, Nam On St., Shau Ki Wan, H.K.
PERIOD 4 LUNAR MONTHS ONLY
香港筲箕灣南安街拾五號地下

永亨大押

香港筲樂灣道三百四十五號金源洋樓地下九號
電話：二五七 九二三

永順大押

九龍大角咀新邨大政街六號
SUN CHEONG (SHING KEE) PAWN SHOP 6, TAI CHING ST., TAI KOK TSUI, KOWLOON.

新昌成記大押

KONG FAT PAWN SHOP SHOP NO. 57, FOK ON GARDEN, ON CHUEN ST., MA ON SHAN.
PERIOD 4 LUNAR MONTHS ONLY
馬鞍山鞍駿街十一號安福花園五十七號舖

港發大押

牛頭角佐頓谷北道一號A

永德大押

新界荃灣青山道三百三十號錦荃中心A座
BLOCK A, TSUEN KAM CENTRE, 330, CASTLE PEAK ROAD, TSUEN WAN, N.T.

廣信大押
KWONG SHUN PAWN SHOP

九龍旺角新填地街四三九號地下A舖
新曆 到期 電話：2789 9626

永泰大押

九龍觀塘牛頭角道三佰四十五號A

榮信大押

新界沙田大涌橋路20至30號 河畔花園十七號地下
新曆 EXPIRY DATE   到期   H.K. $

永業大押

香港新界元朗康樂路景利C2座地下
FLAT C2, G/F., LEE KING BLDG., HONG LOK ROAD, YUEN LONG, N.T.

大信大押
TAI SHUN PAWN SHOP

德利大押
TAK LEE PAWN SHOP
九龍深水埗大南街三百三十三號
333, TAI NAM STREET, KOWLOON.
電話：2387 2450

九龍新界葵芳智芳街3D號
YAU SHING PAWN SHOP 3D, CHE FONG ST., KWAI FONG, N.T.
PERIOD 4 LUNAR MONTHS ONLY   TEL : 2429 4021

友成大押

FOOK CHEONG PAWN SHOP (CHEONG KEE)
PERIOD 4 LUNAR MONTHS ONLY
九龍深水埗大南街壹百壹拾六號

福昌大押
昌記

香港仔大道壹百零式號

利發諒記大押
LEE FAT (LEUNG KEE) PAWNSHOP

香港小西灣道23號怡富花園地下7號舖
SHOP NO. 7, G/F., CHEERFUL GARDEN, NO. 23 SIU SAI WAN RD., HK
電齡 TEL: 2595 0800

泰成大押
CHEERFUL PAWNSHOP

TAI ON PAWNSHOP
Whatsapp: 新界沙田運樽街連運心中地下D8
90881131   8D, G/F., LUCKY PLAZA, SHATIN.
電話 TEL : 2697 4588

泰安大押

祥發大押
CHEUNG FAT PAWNSHOP
九龍觀塘觀塘道四三六號觀塘工業中心第四期地下F舖
Shop F, G/F., Phase 4, Kwun Tong Ind. Centre, 436 Kwun Tong Road,
Kwun Tong, Kowloon   Tel : 2389 3198

新界大埔安富道三十三號C地下

德昌大押

農曆   新曆到期
EXPIRE

月到期

利興大押
LEE HING PAWN SHOP
香港九龍尖沙咀金巴利道29號永利大廈地下5號舖
SHOP 5, G/F., WING LEE BLDG., NO. 29 KIMBERLEY RD., T.S.T. KLN., H.K.
Tel : (852) 2723 3303

新界天水圍新北江商場地下A177號   ☎ 3525 0534
Shop A177, G/F., Kingswood Richly Plaza, Tin Shui Wai, N.T.
農曆四個月期滿 PERIOD 4 LUNAR MONTHS ONLY
新曆到期 Expiry Date:

高陞押
Ko Sing Pawnshop

香港筲箕灣大德街4-12號德福樓4號舖
SHOP 4, G/F., TAK FOOK BLDG., 4-12 TAI TAK STREET, SHAUKEIWAN, H.K.

金華押 (錦記)
KAM WAH PAWNSHOP (KAM KEE)

九龍土瓜灣馬頭圍道272-274號地下A8舖
SHOP A8, G/F., 272-274 MA TAU WAI ROAD, TOKWAWAN, KOWLOON

祥利押 (民記)

CHEUNG LEE PAWNSHOP (MAN KEE)

KWAN YICK PAWN SHOP
6 WESTERN STREET
號六街邊西盤營西港香

押大益均

潤發大押
（交加街分店）
YUN FAT PAWN SHOP (CROSS ST., BRANCH)
香港灣仔交加街1至7號地下B舖
SHOP B, No. 1-7, G/F., CROSS STREET, WAN CHAI, HONG KONG
☎ : 2575 5561

新曆到期
EXPIRE
金興大押
KAM HING PAWN SHOP
香港灣仔駱克道375號福基大廈地下4號舖
Shop 4, G/F, Fook Gay Mansion, 375-379 Lockhart Rd., Wan Chai, H.K.
TEL: 2833 6319

大發大押
TAI FAT PAWN SHOP
九龍佐敦道庇利金街 28 號地下
G/F. 28 Pilkem Street, Jordan Kowloon
☎ : 2314 2248

盛昌大押
SHING CHEONG PAWN SHOP
香港北角英皇道475號地下B舖
G/F., 475 Block B, Kings Road, North Point, H.K.
Tel : 2511 1611

富康大押
FULL HONG PAWNSHOP
元朗大陂頭徑2至12號華盛樓A1舖
（即大馬路賽馬會之防洪渠旁）
Shop A1, G/F, 2-12 Tai Pei Tau Path, Wah Shing Bldg., Yuen Long, N.T.
Tel: 2474 2282

富生大押 有限公司
FU SANG PAWN SHOP LTD.
九龍深水埗汝洲街246號A
（深水埗地鐵站C2出口）☎ 2728 9289
G/F., 246A YU CHAU STREET, SHAMSHUIPO, KOWLOON

TEL: 2478 5685
永高 英記 大押
WING KO (YING KEE) PAWN SHOP
新界元朗康景街5號C地下均德大廈
Kwan Tak Bldg., G/F., No. 5C Hong King St., Yuen Long, N.T.

HANG WAI PAWN SHOP
SHOP C1, G/F., 78-82, HICB BLDG., TAM KUNG RD., KOWLOON
舖地C1廈大行銀商工號82至78道公譚龍九

押大威恒

義發大押
YEE FAT PAWN SHOP
香港灣仔駱克道375號地下
375, G/F., LOCK HART RD., WAN CHAI, H. K.

新曆到期
EXPIRE $
農曆 月 到 期
合成大押
HAP SENG PAWN SHOP
九龍尖沙咀厚福街九號H地下
9, H, G/F., HAU FOOK STREET, TSIMSHATSUI, KLN.

·農曆四個月期滿·
4 LUNAR MONTHS VALIDITY
CHOI SING PAWNSHOP
84B BUTE STREET, MONG KOK, KOWLOON
☎ : 2392 6887
財陞大押
九龍旺角弼街 84 號 B 地下

營業時間：九時
信昌大押
SHUN CHEONG PAWN SHOP
九龍大角咀福全街20號
20, FUK TSUN ST., TAI KOK TSUI, KOWLOON.

信安大押有限公司
SHUN ON PAWN SHOP LTD.
屯門啟發徑1至13號萬成大廈6C舖位
SHOP 6C, G/F., MAN SHING BLDG., NOS. 1-13, KAI FAT PATH, TUEN MUN, N.T.

榮發大押
WING FAAT PAWN SHOP
香港灣仔棧西街28號F舖
（堅拿道西油站對面）☎ 3571 9166
SHOP F, G/F., PERFECT COMMERCIAL BLDG.,
NO. 28 SHARP ST. WEST, HONG KONG.
農曆四個月期滿（利息為每期港幣3.50每百港幣元正5角）
PERIOD 4 LUNAR MONTHS ONLY (interest is HK$3.50 per HK$100.00 per lunar month)

新曆到期
EXPIRE
昌興大押
CHEONG HING PAWN SHOP
九龍尖沙咀漢口道19-21號漢宜大廈K舖
HANYEE BLDG., G/F., SHOP K, HANKOW ROAD, T.S.T., KLN.
Tel: 2377 0446   2377 0448

永發大押
WING FAT PAWN SHOP
九龍尖沙咀加拿分道6號H地下10舖
SHOP 10, 6H, G/F., CARNARVON RD., T.S.T. KOWLOON.
TEL: 2301 3393

朗屏大押
LONG PING PAWN SHOP
新界元朗俊賢坊朗運樓2號D舖
（近朗屏西鐵站B2出口）
Flat D, G/F, Lucky Mansion, 2 Chun Yin Square, Yuen Long, N. T
TEL: 2442 9000

德安大押
TAK ON PAWN SHOP
電話：2792 0862
西貢福民路 22-40號
西貢苑 21號地下
（投注站側）
No. 21. G/F. SAI KUNG TOWN CTR, FUK MAN RD. SAI KUNG.

友安大押
有限公司
YAU ON PAWN SHOP LTD.
電話：2665 1876
NO. 14, G/F, JADE PLAZA, ON CHEE ROAD TAI PO. N. T.
新界大埔新市安慈路翠屏花園十四號地下

合發大押
HOP FAT PAWN SHOP
九龍青山道253-259號恆輝閣地下5號D舖
SHOP 5D, G/F., HAND FAIR COURT, 253-259, CASTLE PEAK RD., KLN.

押和廣
KWONG WO PAWN SHOP
SHOP P, 205-209, CASTLE PEAK RD., SHAM SHUI PO, KLN.
街京東向舖F號九至五零佰式道山青龍九

☎: 24077120
勝興大押
SHING HING PAWN SHOP
荃灣青山公路221號華建樓地下
G/F. of Wah Kin House, 221 Castle Peak Road Tsuen Wan N.T.

寶利大押
PO LEE PAWNSHOP
九龍旺角上海街436號地下C舖
SHOP C, G/F., NO. 436, SHANGHAI ST., MONG KOK, KLN.

浚興大押
CHUN HING PAWN SHOP
九龍牛池灣貴池徑2號地下B號舖
SHOP B, G/F., NO. 2 KWAI CHI PATH, NGAU CHI WAN, KOWLOON
☎ 2809 2998
農曆四個月期滿
PERIOD 4 LUNAR MONTHS ONLY
新曆到期
EXPIRE
H.K.$

卓豐大押
CHEUK FUNG PAWN SHOP
香港灣仔交加街9號嘉威閣地下5號舖
SHOP S, G/F., GALWAY COURT, 9 CROSS STREET, WAN CHAI, HONG KONG
☎ 2623 7923
農曆四個月期滿
PERIOD 4 LUNAR MONTHS ONLY

榮泰大押
WING TAI PAWN SHOP
九龍城衙前圍道六十六號E地下
電話 / TEL: 2382 2885 （龍崗道口）
66E, G/F., NGA TSIN WAI ROAD, KOWLOON, CITY.

富誠大押　FU SHING PAWN SHOP　　單號 NO. _____
九龍太子砵蘭街383號地下B舖
Shop B, G/F.,383 Portland Street, Prince Edward, Kowloon.
營業時間: 9:00A.M.-7:00P.M.　☎ 2662 6073

祥盛大押
CHEUNG SHING PAWN SHOP
元朗泰街街9號B1地舖
SHOP B1, 9 TAI HANG STREET, YUEN LONG
電話：2164 0809

中信大押
CHUNG SHUN PAWN SHOP
花園街分行
九龍旺角花園街126A地下
126A, G/F., FA YUEN STREET, MONG KOK, KLN.
電話：2395 4328

中遠大押
CHUNG YUEN PAWN SHOP
荃灣川龍街大坡坊德寶大廈24號A地下　電話：2406 7782
24A, G/F., Tak Po Building, Tai Pei Square, Tsuen Wan, N.T.

中聯大押
CHUNG LUEN PAWN SHOP
九龍尖沙咀堪富利士道九號地下A舖　電話：2366 6497
SHOP A, G/F, 9 HUMPHREYS AVENUE, TSIM SHA TSUI, KOWLOON.

通濟生記大押
TUNG CHAI (SANG KEE) PAWN SHOP
上水符興街41號B2 (B)舖 ☎ 2670 2243
41B2, FU HING STREET, SHEUNG SHUI

通濟大押
（龍琛路分行）
TUNG CHAI PAWN SHOP
(LUNG SUM AVENUE BRANCH)
上水龍琛路86號地下 ☎ 2673 8688
86, LUNG SUM AVENUE, SHEUNG SHUI.

大生大押
TAI SANG PAWN SHOP
九龍深水埗福榮街五十六號
G/F., 56 FUK WING STREET, SHAMSHUIPO, KOWLOON.

順景大押
SHUN KING PAWN SHOP
上水新樂街2號C地下 ☎ 2673 1682
G/F., 2C SAN LOK STREET, SHEUNG SHUI.

中信大押
CHUNG SHUN PAWN SHOP
九龍旺角豉油街50號富達大廈地下11A
NO. 11A, FOO TAT BLDG., 50 SOY ST., MONG KOK, KLN.
（請移入女人街內地舖）　電話：2771 6606

中寶大押
CHUNG PO PAWN SHOP
九龍旺角山東街36F華美大廈地下3號舖
電話：2626 0192

立生大押
LAP SANG PAWN SHOP
上水新勒街26號地下　電話：2673 6632
G/F 26 SAN KAN STREET, SHEUNG SHUI

中興大押
CHUNG HING PAWNSHOP
香港英皇道14號僑興大廈地下G2舖位
G2, G/F., KIU HING MANSION, NO. 14 KING'S ROAD, HONG KONG
電話：3106 4433

龍昌大押
LUNG CHEONG PAWN SHOP
香港荃灣禾笛街21號地下F舖位
21, Wo Tik Street, G/F., Shop F, Tsuen Wan, H.K.
電話：2492 2723

天德大押
有限公司
TIN TAK PAWN SHOP LTD.
九龍牛頭角道33號　宏光樓11號地下
No. 11, Wan Kwong Lan, 33, Ngan Tau Kok Road, Kowloon.
電話：2798 0786

通 順 大 押 有限公司
TUNG SHUN PAWNSHOP LTD.
上水新樂街20號地下 ☎ 2673 5918
20 SAN LOK STREET, SHEUNG SHUI, NT.
農曆四個月期滿 (利息為每個農曆月每百港幣叁元五角)
PERIOD 4 LUNAR MONTHS ONLY (Interest is HK$3.50 per HK$100.00 per lunar month)

農曆四個月期滿
PERIOD 4 LUNAR MONTHS ONLY
CHUN FU PAWNSHOP
61A TSUEN NAM ROAD TAI WAI SHATIN
TEL: 3580 8277
晉 富 大 押
沙田大圍村南道61號A地下

大 安 押
TAI ON PAWNSHOP LIMITED
九龍觀塘崇仁街八十七號永耀大廈地下
G/F., NO. 87 WING YIU BLDG., SHUNG YAN ST.,
KWUN TONG, KOWLOON   TEL: 2219 0355
◀ 四個月期滿，農曆計算，每百元月息叁元伍角 ▶

友 生 大 押
YAU SANG PAWN SHOP
九龍油蔴地庇利金街57號地下
57, G/F., PILKEM STREET, YAU MA TEI, KOWLOON.

富安(榮記)大押
FU ON (WING KEE) PAWN SHOP
沙田馬鞍山鞍誠街28號富輝花園地下8號舖
SHOP G8,FU FAI GARDEN,28 ON SHING
STREET,MA ON SHAN,SHATIN,NT
電話 :2631 0942

勤 利 大 押
KEN LEE PAWN SHOP
九龍旺角上海街488號順明大廈G8舖
（舖向豉油街 Corner of Soy Street）
SHOP G8 SHUN MING BLDG,NO.488
SHANGHAI ST., MONG KOK , KLN.
電話 :2374 5985

萬 成 押 業
(有 限 公 司)
MAN SHING PAWN SHOP LTD.
九龍旺角水渠道四十六號A
46A, NULLAH ROAD, MONGKOK, KOWLOON.
電話 TEL : 2381 6103

偉 昌 合記 大 押
WAI CHEONG (HAP KEE) PAWN SHOP
九龍土瓜灣美景街七十一號   TEL. 2333 5563
71, MEI KING STREET KOWLOON.

聯 發 大 押
LUEN FAT PAWN SHOP
香港新界荃灣兆和街五號地下
G/F., 5, SHIU WO ST., TSUEN WAN, N.T., H.K.
TEL: 2492 9883

祥 信 大 押
CHEUNG SHUN PAWN SHOP
九龍旺角快富街31號地下
G/F., 31, FIFE STREET, MONG KOK, KOWLOON.
Tel: 2394 9304

通 發 大 押
TUNG FAT PAWN SHOP
九龍旺角亞皆老街40-46號,利群大廈地下D2舖
SHOP D2, G/F., LEE KWAN BLDG., 40-46, ARGYLE ST., MONG KOK, KLN.
☎ : 2391 0207

潤 發 大 押
YUN FAT PAWN SHOP
香港銅鑼灣邊寧頓街18號地下1B舖
SHOP 1B, 18, G/F., PENNINGTON STREET, CAUSEWAY BAY. H.K.
☎ : 2512 0126

富 華 大 押
(合 記)
FU WAH (HOP KEE) PAWN SHOP
九龍青山道155號天悅廣場晉盤街B3D舖
SHOP D, B3 CAMP ST., 155 CASTLE PEAK ROAD, KOWLOON.
電話 TEL : 2958 1969

荃 富 大 押
TSUEN FU PAWN SHOP
荃灣荃富街富麗花園B座地下39號舖位
SHOP NO. 39, G/F, PODIUM B, WEALTHY GARDEN, NO. 14, TSUEN FU ST., TSUEN WAN, N T
電話 TEL : 2416 8329

鴻發大押
HUNG FAT PAWN SHOP
電話
TEL : 2868 1807
中環砵句乍街8號地下
G/F., No. 8, Pottinger Street, Central, H.K.

大興(榮記)大押
TAI HING(WING KEE)PAWN SHOP
新界沙田鄉事會路好運中心地下 15A 舖
15A, G/F ,SHATIN RURAL COMMITTEE
ROAD ,LUCKY PLAZA, SHATIN , NT.
電話:26028992

盛豐大押
SHING FUNG PAWN SHOP
香港新界荃灣沙咀道237號地下
Flat A, G/F., Yan Oi House, No. 237 ShaTsui Road, Tsuen Wan, N.T. H.K.
☎ 2811 3678   H.K.$

瑞昌大押
SHUI CHEONG PAWN SHOP
新界荃灣登發街4-6號嘉新大廈 H3 號舖
SHOP H3, CARSON MANSION
DUNG FAT STREET, TSUEN WAN, N.T.

祥勝大押
CHEUNG SHING PAWN SHOP
九龍旺角花園街128號地下D舖
Shop D, G/F., 128 Fa Yuen Street, Mong Kok, Kowloon.
Tel: 2394 3298

中和大押
CHUNG WO PAWN SHOP
新界荃灣眾安街87號E地下   電話: 2614 3684
FLAT E, G/F., 87 CHUNG ON STREET, TSUEN WAN, N.T.

農曆四個月期滿
4 LUNAR MONTHS VALIDITY
YEE SOUK GONG PAWN SHOP
SHOP B-1, G/F., YAT SUN BUILDING, 5 YAT SAN STREET,
YUEN LONG, N.T.   TEL : 2947 4133
二叔公大押
新界元朗日新街5號日新大廈 B1 舖

農曆四個月期滿
PERIOD 4 LUNAR MONTHS ONLY
WAH SENG PAWN SHOP
SHOP J1B, 50, FU YAN STREET, KWUN TONG, KOWLOON, H.K.
TEL : 2341 8409
華生大押
九龍 觀塘 輔仁街 五十號 J1B

萬興(榮記)大押
MAN HING(WING KEE)PAWN SHOP
九龍新蒲崗錦榮街1號B地下
1B, G/F., KAM WING ST., SAN PO KONG
KOWLOON.

新曆到期   電話 : 2320 2983
Expire Date: $
綸昌 榮記 大押
LUN CHEONG WING KEE PAWN SHOP
慈雲山鳳凰新村鳴鳳街式號A地下
2A, G/F., MING FUNG ST., FUNG WONG VILLAGE, TSZ WAN SHAN.

合和大押
HOPEWELL PAWN SHOP
荃灣青山公路荃灣段269號力生廣場1樓131-132號
Shop 131-132, 1/F., Lik Sang Plaza, 269 Castle Peak Rd, Tsuen Wan
電話：2412 4565

天祥大押
TIN CHEUNG PAWN SHOP
Flat 3, G/F., Cheong Fat Bldg., 21 Kwong Fai Circuit, Kwai Chung, N.T.
電話 : 2424 7137

電話 : 2323 3456
天興大押
TIN HING PAWN SHOP
九龍新蒲崗錦榮街8號地下
8, G/F, KAM WING ST., SAN PO KONG KOWLOON.

盛豐大押
SHING FUNG PAWN SHOP
香港銅鑼灣糖街2-8號興豐大廈地下1A1舖
Shop 1A1, G/F, Lok Sing Centre, NOS. 2-8 Sugar Street, Causeway Bay, H.K.
☎ 2563 8678   H.K.$

三益大押
SAM YIK PAWN SHOP
九龍牛頭角道177至181號兆景樓20號地下C舖
（帝國戲院樓下・牛頭角街市側邊）
SHOP 20C, 177-181, NGAU TAU KOK ROAD, KOWLOON.

盛豐大押
SHING FUNG PAWN SHOP
九龍旺角花園街136號地下
G/F., 136 Fa Yuen Street, Mong Kok, Kowloon.
☎ 2396 3338　　　　　H.K.$

祥興大押合記
CHEUNG HING PAWN SHOP
九龍油蘇地窩打老道20號金輝大廈地下10號舖
SHOP 10. G/F., KAM FAI BUILDING, 20 WATERLOO ROAD, KLN

祥和大押
CHEUNG WO PAWN SHOP
香港鰂魚涌英皇道965號A地下
965A, G/F., KING'S ROAD, QUARRY BAY, H.K.

德勝大押
TAK SHING PAWN SHOP
香港仔舊大街108號7舖
SHOP 7, G/F., 108, OLD MAIN ST., ABERDEEN, H.K.

永利大押
WING LEE PAWN SHOP
九龍尖沙咀赫德道一至三號四號舖
SHOP 4, 1-3 HART AVENUE, TSIMSHATSUI, KOWLOON.
電話TEL: 2367 4682

平安大押有限公司
PING ON PAWN SHOP LTD.
新界屯門雅都商場七號C地下　（近新墟街市）
SHOP 7C, G/F., ELDO COMLCOMPLEX, N.T.

天安大押
TIN ON PAWN SHOP
九龍觀塘康寧道四號地下
NO. 4, G/F., HONG NING ROAD, KWUN TONG, KOWLOON.

永和大押
WING WO PAWN SHOP
香港北角書局街3號地下
3, SHU KUK STREET, G/F., NORTH POINT, HONG KONG.

同發大押
TUNG FAT PAWN SHOP
九龍尖沙咀山林道四號A地下
4A, G/F., HILLWOOD ROAD, TSIM SHA TSUI, KOWLOON.

偉信大押
WAI SHUN PAWN SHOP
元朗炮仗坊17號地下保定樓3號舖
SHOP NO. 3, POTING BLDG., 17, G/F., PAU CHEUNG SQUARE, YUEN LONG, N.T.

榮益 安記 大押
WING YICK PAWN SHOP
九龍油麻地新填地街五十號A大單邊西貢街
50A, RECLAMATION STREET KOWLOON

全發大押
CHUEN FAT PAWN SHOP
☎ : 2881 1708
香港銅鑼灣邊寧頓街1B地下
Shop 1B,G/F,No1 Pennington Street,Causeway Bay,Hong Kong.

電話 : 2638 3865
天福大押
TIN FOOK PAWN SHOP
新界大埔南盛街19-23號南盛閣地下1號舖
SHOP 1, G/F., NAM SHING COURT, 19-23 NAM SHING STREET, TAI PO, N.T.

順利 榮記 大押
SHUN LEE WING KEE PAWN SHOP
九龍昌華街23號富華廣場地下5號舖
SHOP 5, G/F., FLORENCE PLAZA, 23 CHEUNG WAH ST., KOWLOON.

永豐昌記大押
WING FUNG CHONG KEE PAWN SHOP
九龍旺角太子道102號B2地下
（近太子道地鐵站C出口入大南街）
102, B2, PRINCE EDWARD RD., KLN. (CORNER OF TAI NAM ST.)
TEL: 5126 6626　5611 1995

榮 安 大 押
WING ON PAWN SHOP
香港九龍城衙前圍道122號地下
G/F,122 Nga Tsin Wai Road,KLN City,HK
TEL: 28862610

農曆四個月期滿
PERIOD 4 LUNAR MONTHS ONLY

新曆到期
EXPIRE   H.K.$

永隆大押 WING LUNG PAWN SHOP
九龍太子道西416 及418 地下 (旺角道交界)
G/F 416&418 RINCE EDWARD ROADWEST ,KOWLOON
電: 2511 5098

利昌押 LEE CHEONG PAWN SHOP
香港皇后大道西299號
299, Queen's Road West, Hong Kong.
Tel: 2549 4994

正昌押 CHING CHEONG PAWN SHOP
九龍馬頭圍道179號
179, Ma Tau Wei Road, Kowloon.
Tel: 2712 1312

大華押業 TAI WAH PAWN SHOP
九龍黃大仙龍翔道120號新光中心6號舖位
Shop No. 6, Sun Kwong Centre, 120 Lung Cheung Rd.,
Wong Tai Sin, Kowloon.
Tel: 2320 3152

仁泰押 YAN TAI PAWN SHOP
九龍上海街716號
716, Shang Hai Street, Kowloon.
Tel: 2380 9832

寶興大押 PO HING PAWNSHOP
Tel: 2492 6583
寶興合利發展有限公司經營
荃灣川龍街九十七號
G/F, 97 Chuen Lung Street, Tsuen Wan.
Expire Date:

寶亨大押 PO HANG PAWNSHOP
Tel: 2499 1348
寶亨合利發展有限公司經營
荃灣川龍街大陂坊二號
2, Tai Pei Square, Tsuen Wan.
Expire Date:

靄華押業 Oiwahpawn
www.pawnshop.com.hk
香港聯交所上市編號(1319)成員
寶華大押 Po Wah Pawnshop
新界屯門新墟青松觀下路用7樓C舖16號舖
Shop 10A, G/F, Top Court, 16 Tso Ching Court, Tuen
Mun. N.T.
Tel: 24522641
Date of Expiry: 10日 2月 2023年
記錄到期日
10-Feb-2023

靄華押業 Oiwahpawn
www.pawnshop.com.hk
香港聯交所上市編號(1319)成員
偉華大押 Wai Wah Pawnshop
九龍旺角山東街36號地下C舖
G/F, 36C Shan Tung Street, Mong Kok, Kowloon
Tel: 27803861

靄華押業 Oiwahpawn
www.pawnshop.com.hk
香港聯交所上市編號(1319)成員
基華大押 Kei Wah Pawnshop
香港中環德輔道中71號永安集團大廈地下YIII舖部分
Shop YIII, on Ground Floor(Portion on G/F), Wing On
House
71 Des Voeux Road, Central, Hong Kong
Tel: 28682930

靄華押業 Oiwahpawn
www.pawnshop.com.hk
香港聯交所上市編號(1319)成員
德華大押 Tak Wah Pawnshop
香港中環干諾道中23號地下B舖
Shop B, G/F, 23 Connaught Road, Central, Hong Kong
Tel: 28680738

靄華押業 Oiwahpawn
www.pawnshop.com.hk
香港聯交所上市編號(1319)成員
祥華大押 Cheung Wah Pawnshop
沙田好運中心廣場內地下38舖
Shop No. 3B on Level 1, Lucky Plaza, Shatin
Tel: 26025303

靄華押業 Oiwahpawn
www.pawnshop.com.hk
香港聯交所上市編號(1319)成員
恒華大押 Heng Wah Pawnshop
新界上水新豐街2-4號地下B舖
Portion of Shop B, G/F, 2-4 San Loh Street, Sheung
Shui, N.T.
Tel: 26717996

靄華押業 Oiwahpawn
www.pawnshop.com.hk
香港聯交所上市編號(1319)成員
興華大押 Hing Wah Pawnshop
九龍旺角砵蘭街174號地下
G/F, 174 Portland Street, Kowloon
Tel: 23855130

靄華押業 Oiwahpawn
www.pawnshop.com.hk
香港聯交所上市編號(1319)成員
振華大押 Chun Wah Pawnshop
新界上水龍琛路2號地下連閣樓
G/F, Lung Sum Avenue, Sheung Shui, New Territories
Tel: 26704379

靄華押業 Oiwahpawn
www.pawnshop.com.hk
香港聯交所上市編號(1319)成員
豪華大押 Ho Wah Pawnshop
荃灣沙咀道337-339號德華樓C樓地下B舖
Flat B, G/F, Stage 7, Tak Yan House
337-339 Sha Tsui Road, Tsuen Wan, N.T.
Tel: 24395380

靄華押業 Oiwahpawn
www.pawnshop.com.hk
香港聯交所上市編號(1319)成員
鴻華大押 Hung Wah Pawnshop
新界大埔安邦路4號富地下8C號舖
Shop 8C, G/F, Fortune Plaza, Pt.4 On Chee Road, Tai
Po, N.T.
Tel: 26400936

富榮大押 Fu Wing Pawnshop
長和聯合發展有限公司經營
九龍旺角上海街156號
G/F 156 Shanghai Street Jordan KLN
Tel: 2325 3818   Fax: 2325 2800

靄華押業 Oiwahpawn
www.pawnshop.com.hk
香港聯交所上市編號(1319)成員
崇華大押 Sung Wah Pawnshop
新界屯門蔡意橋21號牡丹大廈9號地下A舖
Shop 9A, G/F, 21 Tak Ching Court, Tuen Mun, N.T.
Tel: 24598196

富榮大押 Fu Wing Pawnshop
九龍旺角上海街124號地下
G/F, 124 Shanghai Street Jordan KLN
Tel: 2325 3868   Fax: 2325 3426
營業時間: 10:00 AM - 21:00 PM

富榮大押 Fu Wing Pawnshop 觀塘分店
九龍觀塘裕民坊協和街48號地下A舖
Shop A, G/F, 48 Hong Ning Road
Kwun Tong, Kl
Tel: 2125 5557   Fax: 2125 3331
營業時間: 9:00 AM - 20:00 PM

毅發大押　NGAI FAT PAWN SHOP

觀塘宜安街16-32號金橋華廈地下16A舖(惠康側)
SHOP 16(A), G/F., CAMBRIDGE BL., 16-32 YEE ON ST., KL.

Maxi-Cash 大興大押
PAWN SHOP

全興押 有限公司　香港北角道19號地下
Chuen Hing Pawnshop Company Limited　G/F., 19 North Point Road, North point, Hong Kong Tel: 2571 8818

仁安大押 YAN ON PAWN SHOP
九龍旺角上海街488號順明大廈7B地舖
Shop 7B, G/F., Sun Ming Building, 488 Shanghai Street,
Mong Kok, Kowloon.
電話: 9698 7298　營業時間: 10:00am - 2:00pm

☎ : 2219 0908

新曆到期 EXPIRE　農曆十壹月到期

農曆四個月滿 PERIOD 4 LUNAR MONTHS ONLY
LOY FAT PAWN SHOP
Shop B, 17 G/F.,Shung Yan street, Kwun Tong, KLN
九龍觀塘崇仁街17號B地舖
來發大押

BHF PAWN SHOP
BHF Pawnshop (WW)
ORIGINAL
SERIAL NO

盛豐大押
SHING FUNG PAWN SHOP

旺角上海街497號
G/F., 497 Shang Hai St., M.K.
Tel: 6699 5800　66995800

長江大押
CHEUNG KONG PAWN SHOP

電話 : 2350 2398

高忠
價誠
押服
物務

宏福大押
WANG FUK PAWN SHOP
新界大埔廣福道102-104號寶基樓地下E舖
SHOP E G/F., PO KEE MANSION 102-104 KWONG FUK RD., TAI PO N.T.

華偉大押
WORLD WIDE PAWN SHOP
TEL: 2333 0386
地址 : Shop 304,3/F World Wide House
Address : Shop 304,3/F World Wide House
No 19 Des Voeux Road, Central

押物條例

農曆四個月滿 Period 4 Months Only

史判期 PIRE

☎ 2951 968

滿期月個四曆農 PERIOD 4 LUNAR MONTHS ONLY
CHEUNG TAK PAWN SHOP
舖5A下地場廣塘觀道源開塘觀龍九
Shop 5A,G/F Kwun Tong Plaza,68 Hoi Yuen Road, Kwun Tong Kowloon
押大德祥

新曆判期 EXPIRE

☎

滿期月個四曆農 PERIOD 4 LUNAR MONTHS ONLY
YIU CHOY PAWN
舖E下地閣華青號498街洲元龍九
Shop E on G/F., Green Court 498, Un Chau Street, Kowloon
押大才耀

新曆到期 : 　　　年　　　月　　　日
EXPIRE DATE　　　Y　　　M　　　D
電話 TEL: 2440 3521

友興大押
YAU HING PAWN SHOP
屯門青河坊2號麗寶大廈地下54A舖
LAI PO BLDG., G/F., SHOP 54A, 2 TSING HO SQ., TUEN MUN.
◀四個月期滿 · 農曆計算 · 每百元月息叁元五角▶

新農
曆曆

PERIOD 4 LUNAR MONTHS ONLY
農曆四個月期滿

月月

華安大押
WAH ON PAWNSHOP
九龍九龍城南角道28號地下
G/F 28 NAM KOK ROAD KOWLOON

日日
到到
期期

Tel 電話 : 2382 1341

再版後記

　　回想兩年前，剛寫成《香港當舖遊蹤》一書後，我以為可以為當舖這個課題暫告一段落時，豈料卻是無法停下來。

　　原來，坊間對當舖的話題，深感興趣。自《香港當舖遊蹤》出版後，關於當舖的訪問接踵而至，實在令我喜出望外。我原本以為只是有小眾關注的當舖，竟然是大眾覺得有趣味的題材。

　　事實上，在這段期間，我仍不斷走訪當舖，為當舖留下記錄，因為有當舖搬遷或結業，也有新當舖開張，當然，亦要補回一些遺漏了，沒有在《香港當舖遊蹤》出現的當舖。這些新搜集得來的資料應該怎樣處理？我還沒有作出決定時，就收到出版社的來電，要求出版《香港當舖遊蹤》增訂版。對我來說，這個實在是好消息，可以為書補上新資料，充實書的內容。

　　在此，我要感謝支持《香港當舖遊蹤》的各位讀者，也要感謝出版社願意為《香港當舖遊蹤》出版增訂版。當然，書的內容仍有不足之處，但我仍會繼續搜集資料，盡量為香港當舖的歷史和發展，留下翔實的資料。

策劃編輯	梁偉基
責任編輯	許正旺
版式設計	吳冠曼
封面設計	陳朗思

書　　名	香港當舖遊蹤（增訂版）
著　　者	徐振邦
出　　版	三聯書店（香港）有限公司
	香港北角英皇道四九九號北角工業大廈二十樓
香港發行	香港聯合書刊物流有限公司
	香港新界荃灣德士古道二二○至二四八號十六樓
印　　刷	寶華數碼印刷有限公司
	香港柴灣吉勝街四十五號四樓 A 室
版　　次	二○二○年六月香港第一版第一次印刷
	二○二三年六月香港增訂版第一次印刷
規　　格	特十六開（150 × 210 mm）二○○面
國際書號	ISBN 978-962-04-5156-0

© 2020, 2023 三聯書店（香港）有限公司

Published & Printed in Hong Kong, China.